萧七公子◎著

从零开始做
产品经理

中国華僑出版社

图书在版编目（CIP）数据

从零开始做产品经理 ：产品经理的第一本书 ／ 萧七
公子著. -- 北京 ： 中国华侨出版社，2016.9
ISBN 978-7-5113-6337-4

Ⅰ. ①从… Ⅱ. ①萧… Ⅲ. ①企业管理－产品管理
Ⅳ. ①F273.2

中国版本图书馆CIP数据核字(2016)第223945号

● **从零开始做产品经理**

著　　者／萧七公子

选题策划／竹石文化

责任编辑／文　喆

责任校对／孙　丽

装帧设计／润和佳艺

经　　销／新华书店

开　　本／710毫米×1000毫米　　1/16　　印张／16　　字数／256千字

印　　刷／大厂回族自治县彩虹印刷有限公司

版　　次／2016年12月第1版　　　　2018年12月第3次印刷

书　　号／ISBN 978-7-5113-6337-4

定　　价／42.00元

中国华侨出版社　　北京市朝阳区静安里26号通成达大厦3层　　邮 编：100028
法律顾问：陈鹰律师事务所

编辑部：（010）64443056　　　　传真：（010）64439708
发行部：（010）64443051
网　址：www.oveaschin.com
E-mail：oveaschin@sina.com

产品经理是什么样的人

在国内一些知名的人才招聘网站（如前程无忧、中华英才网、智联招聘等）上，"产品经理"的职位日益引起人们的关注。如今，各行各业可谓都在招募产品经理，其中以互联网类型的产品经理在需求量上尤为旺盛。

在互联网时代，各个产业高度融合，尤其是"互联网+"思想的普及，使得人们在创新方面非常活跃。举个日常生活中的例子来说，我们在手机上下载了某款APP软件，在接下来的日子里，你会发现每隔一段时间，甚至是几天，这款APP软件就会提醒你"更新"，可以说，在当今时代，持续更新已经成为一种常态。那么，这些APP软件为什么要更新？这往往源于某种需求。其实，产品经理便是为了挖掘用户需求，并实现这种用户需求，而将用户与市场联结起来。

那么，产品经理究竟是什么样的人呢？如何才能做好产品经理的工作？当我们在浏览关于产品经理的招聘信息时，会看到关于产品经理的一系列要求，而且不同行业、不同公司、不同阶段对产品经理要求的描述也会有所区别。对于有志于进入产品经理职业道路，或对该职业感兴趣的朋友来说，怎样才能对产品经理职业有一个全面的了解呢？

我们不妨追溯到产品经理刚产生的时候，通过了解产品经理产生的前因后果，从而对产品经理有个清晰的认识。一般来说，世界公认的第一位产品经理产生于美国宝洁公司，一个驰名世界的日化用品生产企业。在1927年时，宝洁公司为了促进两个品牌的宝洁产品均能获得更好的发展，决定为这两个品牌的产品各设一位负责人，每位产品负责人要全面负责相应产品的生命周期，从而确保各自产品的运营成功。这种方式改变了以往公司内销售部笼统地负责所有产品销售的状况，让每一种产品都有了负责其整个生命周期的"主人"。通过这样的产品管理改革，保洁公司有效地促进了内部品牌间的有效竞争，使得各品牌具备了互补性的效果，在产品运营方面取得了卓越的成效。此后，各公司纷纷效仿与学习宝洁公司的这种做法，在公司内设置"产品经理"一职，从而促进了对产品的精细化管理。对此，本书中会有专门的阐述。

可见，产品经理所从事的工作便是"产品管理"，通过对产品从需求、设计到开发、运营的有效管理，促进产品更好地成长。实际上，产品的成败与产品经理的工作有着密切的关系，产品的成败又在很大程度上决定着企业的成败，所以产品经理对企业的发展起着重要作用。

比如，每个成功的企业，必然有其成功的产品；每个失败的企业，必然与其产品方面的失败有着密不可分的关系。这是因为，企业的存在，是以其满足用户和市场的需求为前提的，企业满足这种需求的载体就是产品。只有把产品做好了，企业才能好起来。

实际上，产品不仅对每个企业非常重要，也对用户非常重要。我们每个人生活在产品的世界里，包括我们的衣食住行等各个方面，无不需要产品来维系。作为用户，我们都希望使用优质的产品；同时，产品被用户用"爽"了，才会在市场上更受欢迎。

通常来说，企业内部往往会有不同种类、规格的产品，如何才能打出一套高效益的"组合拳"，让每个产品在其生命周期内都能有出色的综合表现？这曾经是宝洁公司面临的问题，也是现在很多公司面临的问题。靠谁来解决这样的问题？那就是每个产品的"经理"，即"产品经理"。这也是"产品经理"职位在当今市场上非常受关注的重要原因，而市场非常需要优秀的产品经理。

本书就是专门为了解决市场上对产品经理的需求而编写的。全书根据产品经理的能力要求与成长体系，共分为八章，从了解产品开始，到挖掘用户需求、进行产品设计、管理团队、进行项目管理、产品运营、把握产品的生命周期以及产品经理的成长路径，全面阐释了产品经理的修炼之道。书中信息量大，图文并茂，论点与论据相得益彰，并且融入了与时俱进的丰富的案例，使得整个阅读过程妙趣横生，从而让读者迅速"悟道""得道"，是产品新人快速入门，产品老人温故知新，企业领导层和管理层向员工推荐的不可多得的产品管理书籍。

我国先贤老子在《道德经》中说"千里之行，始于足下"，也就是说，无论做什么事情，都是从头做起，逐步进行的。对于每个有志于奋斗在产品经理事业上的朋友而言，无论你的起点如何，只要认准了，就要坚守恒心与决心，脚踏实地地前进，那样你一定会有欣慰的收获！

萧七公子

2016年10月26日

目录
CONTENTS

第一章

你真的了解产品吗

　　"产品"是一个人人都熟悉的词汇。生活中，我们经常听到有关产品的话题，如"这个产品多少钱""这个产品有哪些功能""为什么有的产品畅销加长销，成为市场的'宠儿'，有的产品却迅速或渐渐地没落，以至于在市场上无人问津？"有时，我们还听到诸如"某人根本不懂产品"或者"某人对产品的了解入木三分"的评论。由此，我们不禁想到，在"产品经理"这个概念中，顾名思义，"产品"在前，不懂"产品"的"产品经理"似乎难以解释。那么，产品究竟是什么？接下来，让我们揭开产品的"庐山真面目"，去立体化、全方位地"抚摸"产品，也听听名人对产品的见解，从而更好地认识产品。

一件产品，一个时代

聊起产品，我想每个人都不会陌生。从我们每天一睁开眼，触目所及，在我们的生活和世界里，可谓充满了产品。比如说，我们定的早上的闹钟或闹铃，源于某种产品（手机或钟表等）嵌入了"定时提醒"的功能；早上起来要用牙刷、牙膏来刷牙，要在镜子面前用梳子把自己打扮一番，然后来杯牛奶或豆浆，再吃个煮好的鸡蛋，接着打开智能手机上的某款地图类的APP（如百度地图等），查询道路实时交通状况，然后选择开车或乘坐公交车、地铁外出等。可以说，现代人的生活之所以便捷而文明，一个极其重要的原因是有很多种产品陪伴在我们左右。假如我们的生活中缺少了上述产品中的一种或若干种，我们的生活质量往往就会受到不同程度的影响。

可见，产品与我们的生活息息相关。不仅如此，早在我们的中学时代，我们就已获悉，一件产品，甚至可以影响一个时代的进程。举例来说，人类自诞生以后，刚开始的经济生活很简单，无非是上树或在地上采摘果实等，待到人类发明了石器工具（如石斧、石铲、石磨等）之后，人类的生活也就随之迈上了一个台阶，具备了更强的与其他动物搏击，以及碾碎坚硬颗粒食物的能力；尤为重要的是，人类从在自然界产生的火源（如雷击森林着火等）中保留火种（但需要火一直不能熄灭），到人工取火（如钻木取火或敲击燧石取火等），使得人类移居到更寒冷的地区成为可能，也使得人类可以用火烹饪较难消化的食物、照明、取暖、驱赶野兽等，逐渐使人类告别了茹毛饮血的原始人群的野蛮生活，跨入了原始社会，还增强了人类的迁徙能力。

可以说，产品从一开始就推动着人类的进步。在这方面，中华民族的三皇之首、传说中的燧人氏，发明了"钻木取火"（根据摩擦生热的原理，用硬木棒对着木头摩擦或钻进去，靠摩擦取火），成为华夏人工取火的发明者，从某种程度上来说开创了华夏文明。应该说，燧人氏发明"钻木取火"，是出于人们希望更灵活地掌控火种的现实需要，然后根据观察、判断、逻辑、推理和实践，最后具体化为"钻木取火"的方式，并将这种方式予以推广，从而满足了人们对于火种的需求。我们在本书中讲述关于产品经理的内容，实际上，产品经理的思维在我国古已有之，远古的燧人氏就是一个例证。

我们同样知道，后来的青铜时代（如铜鼎、铜勺、铜壶、铜制编钟、铜刀等青铜产品）、铁器时代（如铁制兵器、铁犁、铁锯等铁器产品）又进一步推动了人类向更高层次的进步，总的来说，这些时代的产品在很大程度上依赖于手工生产。相比较而言，以机器大生产为代表的生产方式，意味着近代社会的开启。那么，作为生产其他产品的机器，本身也是一种产品，该产品的出现，可谓实现了人类社会的长足发展。

在这方面，早在18世纪六七十年代，英国著名发明家瓦特在原有蒸汽机的基础上，陆续研制出一系列有实用价值的蒸汽机（又称"瓦特改良型蒸汽机"），并使得蒸汽机在工业上得到广泛应用，开辟了人类利用能源的新时代，使人类进入了"蒸汽时代"；同时，作为发明家的瓦特还与朋友组建了专门制造蒸汽机的公司，由于瓦特研制的改良型蒸汽机在市场上受到广泛欢迎，取得了良好的销售业绩，这使得瓦特也赚到了不少钱。历史上将瓦特所处的时代进行的一系列工业技术和产品的变革，称为"第一次工业革命"。

在第一次工业革命发生100年后，先是德国人西门子研制成功世界上第一台工业用发电机，推动了电力能源的广泛使用，包括此后美国发明家爱迪生研制成功世界上第一盏有实用价值的电灯，为人类带来了持久的光明；接着德国发明家卡尔·本茨发明了以汽油为燃料的发动机（又称"内燃机"），这一方面解决了以交通工具为代表的机器的动力问题，另一方面又促进石油开采业的发展和石油化工业的产生，使得石油像电力一样成为当时的一种极为重要的新能源。这次工业革命被称为"第二次工业革命"。

20世纪四五十年代时，在运算速率不断攀升的电子计算机的发明、改进和使用的基础上，人类得以研制出更为精密的产品，如人造卫星、原子能技术、人工合成材料（如塑料、合金等产品），这意味着人类进入"第三次工业革命"。

在20世纪70年代，美国英特尔公司研制成功全球第一个微处理器芯片，推动了世界范围内的计算机和互联网革命。此后，互联网的一系列规则协议被制定，一系列网络互联设备（如交换机、路由器等）也被发明，人类迈入信息时代。如今，随着以WiFi和4G等为代表的无线网络传输技术的发展，以及智能手机的普及，还有大数据技术的兴起等，我们已经进入了比较成熟的移动互联网时代，也享受着科技与产品带给我们生活的高度便利。

总之，瓦特改良型蒸汽机，让人类进入蒸汽时代；以发电机和发动机为代表的电气类产品，让人类进入电气时代；以微处理器和互联网为代表的信息类产品，让人类进入信息时代；以无线网络和智能手机为代表的移动互联网产品，则让人类进入移动互联网时代。我们相信，改变世界并不遥远，只要你够努力，一种产品足矣！

剖一剖产品的内涵

从字面上来看，"产品"即"生产出来的物品"。再详细一些的话，产品就是能够提供给市场，被人们使用和消费，并能满足人们某种需求的任何物品，包括有形的物品、无形的服务、观念或其组合。

一般来说，产品本身又包含了三个层次，分别是核心产品、形式产品和附加产品。其中，核心产品是产品中给购买者带来的基本利益和效用，即产品的使用价值，在产品的整体概念中，核心产品是最基本、最主要的部分；形式产品是核心产品借以实现的形式，即向市场提供的实体或劳务的外观；附加产品则是顾客购买产品时所能得到的附加服务和利益。

比如，我们以汽车为例，人们购买汽车，往往是基于汽车本身的交通运输能力、是人"手和脚的延伸"，这是汽车的"核心产品"，也是汽车能够给予人们的基础使用价值；我们知道，同样都是汽车，其外观会有很大不同，以轿车为例，有的是三厢轿车，有的是两厢轿车，车身颜色也会有所不同，不同轿车的发动机缸数也会有区别，有3缸、4缸、5缸、6缸、8缸等之分，汽车的这一系列实现形式，就构成了汽车的"形式产品"；有时，人们在购买汽车的时候，会享受被赠予"购车大礼包""延长整车质保"等优待，这就构成了汽车的"附加产品"。

另外，关于产品的分类，目前主要分为四类，分别是"硬件""流型材料""服务"和"软件"。其中，"硬件"通常是有形产品，是不连续的、具有特定形状的产品，我们前面举例时用的"汽车"产品，其数量具有计数的特性，可以描述为"一辆"或"若干辆"汽车等，我们往往用计数特性对其数量进行描述。当然，在生活中，除了汽车，还有很多"硬件"产品，如"笔"（一支或若干支）、"水杯"（一个或若干个）、"眼镜"（一副或若干副）、"鞋子"（一双或若干双）等。

"流型材料"通常是具有某一特定状态的有形产品，其状态是流体、气体、粒状等，其数量具有连续的特性，往往用计量特性描述，如"汽油"（通常用"升"来计量）、"布匹"（通常用"米"来计量）等。

"服务"通常是无形的，是为满足顾客的需求，供方和顾客之间在接触时的活动以及供方内部活动所产生的结果，并且是在供方和顾客接触上至少需要完成一项活动的结果，如教育、医疗、咨询、运输、金融贸易、旅游等。"服务"这种产品往往具有安全性、保密性、环境舒适性、信用、文明礼貌、等候时间等特性。

"软件"是一系列按照特定顺序组织的计算机数据和指令的集合，其内在具有较强的逻辑性，一般来讲，软件被划分为系统软件、应用软件和介于这两者之间的中间件。软件通常属于一种智力创作，没有物理形态，具有无形产品的特点，只能通过运行状况来了解其功能、特性和质量等。此外，广义的软件还包括了一系列文档等智力产品。

很多时候，产品不仅仅包括上述孤立的四类产品，还可以是上述四类产品的综合构成。我们不妨仍以汽车为例，顾客到某4S店购买一辆汽车，该汽车由一系列硬件（如轮胎、方向盘、反光镜）、流型材料（如润滑油、燃料、冷却液、玻璃水）、服务（如销售人员提供的操作说明）和软件（如发动机控制软件、产品使用手册）组成。可见，在产品的内在组成中，往往具备一系列产品嵌套的特征。

此外，在生活中，我们还会听到一系列关于"产品"的问题，我们通过对这些问题的解析来强化对"产品"的认识。

问题一:"你们公司有哪些产品?"

这是在问"产品结构""产品组合"的问题。其中,"产品结构"是由企业生产或销售的全部产品的"产品大类"组成,"产品组合"是一个企业在一定时期内生产经营的各种不同产品的全部产品项目的组合。

问题二:"你们公司有哪些类型的产品?"

这是在问"产品线""产品(大)类"(又称"产品系列")的问题。其中,"产品线"是技术和结构上密切相关,具有相同的功能、不同的规格而满足同类需求的一组产品,产品线内一般有不同的产品项目;"产品(大)类"(又称"产品系列")是在产品组合中的不同(大)类别。

问题三:"你们公司这种类别的产品有多少种?"

这是在问"产品项目"(又称为"产品大类中的品种"或"产品大类中的规格")的问题。其中,"产品项目"(又称"产品项")是一个产品大类之中,根据规格、质量等不同特征,分为不同的、特定的产品。

举例来说,某轿车生产企业依据轿车发动机的汽缸排量大小,将其生产的轿车分为微型轿车(排量为1L以下)、普通级轿车(排量为1.0~1.6L)、中级轿车(排量为1.6~2.5L)、中高级轿车(排量为2.5~4.0L)和高级轿车(排量为4L以上)五类,假定该企业将这五个"产品大类"依次以A、B、C、D、E来表示。

现拟定上述五类轿车均依据轿车配置高低,可分为"标准版"和"豪华版"两个"产品项"。那么,该轿车生产企业的产品结构包括A、B、C、D、E共计五个"产品大类",每个"产品大类"的"产品线"由"标准版"和"豪华版"两个"产品项"组成,该企业的"产品组合"包括了五个"产品大类"中的全部"产品线"。

到此,我们基本理清了关于"产品"的若干概念,对产品的内涵也加深了认识,这为我们接下来的进一步学习奠定了基础。

产品与商品的关系

产品与商品有什么区别呢？一言以蔽之，商品是用来交换的产品。商品的生产是为了交换，而当一种产品经过交换进入使用过程后，就不能再称之为商品；如果产品产生二次交换，那么在处于交换的这段时间内，它又能被称之为商品。比如，汽车从生产环节进入流通销售环节，意味着汽车从产品转化为商品；某位顾客购买该辆汽车后，将汽车作为自己的交通工具使用，意味着汽车从商品转化为产品；在使用一段时间后，该顾客将汽车作为二手车出售，则汽车又从产品转化为商品。商品自始至终均属于产品的范畴，是处于产品的特定阶段而已。

关于产品和商品的关系，我们可以通过下图来描述：

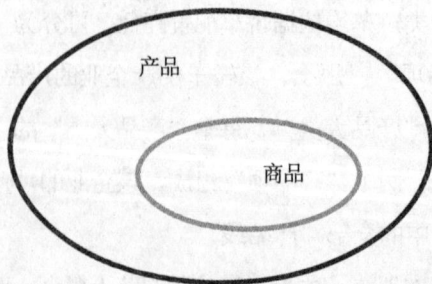

图1.1　产品与商品

　　我们由上面的论述可知，商品是一种处于特定状态的产品，这种特定状态就是"用于交换"，这体现出商品的本质是某种社会属性。根据经济学中对商品的阐述，价值是"凝结在商品中的无差别的人类劳动"，这本身就体现出不同商品生产者之间的劳动换算关系，从而将各种具体化的劳动转化为某种"无差别的人类劳动"，可见，价值反映的是商品生产者之间的社会关系，这是商品的本质属性；使用价值则是商品"能够满足人们某种需要"的属性，主要体现为人与自然的一种关系，也是商品具有价值的基础。

　　在实际生活中，人们有时会混用"产品"和"商品"这两个概念。比如，我们有时听到"这个产品多少钱？"的问题，在这里，对"产品"进行价格咨询，显然是将"产品"置于"交换"的场景，所以，此处的"产品"就变成了"商品"的概念。其中，价格是商品同货币交换比例的指数，也可以将价格视为价值的货币表现。

　　一般来说，商品的价格总是处于一定的波动之中，这是以价值的变动为其内在的支配因素，也是价格形成的基础。我们平时说"某商品的价格高得离谱"，这是指价格暂时受到其他因素的影响（如外在环境、舆论宣传、顾客的消费心理等）而脱离了价值，从长远来看，一旦市场恢复正常，价格仍会回归到价值的合理区间。

　　关于商品的价值，随着相应领域的社会生产力的进步，生产效率提高，会在不同程度上降低商品的生产成本，从而缩短形成价值的"无差别人类劳动"的时间，这也是有些产品的价格不断下降的原因。比如，在20世纪80年代的时候，我国的一台普通的个人电脑售价达到数万元，现在仅需数千元即可，这与个人电脑生产效率提高、生产成本下降有着密切的关系。

　　再者，商品的价格还会受到供求关系的影响。比如，在商品价值未发生显著变化的情况下，市场上供应商品的数量增加，消费者面临充裕的商品储备，此时，容易形成供应旺盛甚至"供大于求"的状况，这会使得商品面临价格下探的压力；倘若市场上供应商品的数量减少，消费者面临"一货难求"的购买窘境，就会容易形成供应短缺，甚至"供不应求"的状况，这就增强了商品价格上扬的潜力。

另外，在经济学的范畴里，价格还可以视为商品货币化的交换价值，货币则是衡量价值的一般等价物。此外，关于交换价值，就是"交换价值是价值的表现形式，价值是交换价值的内容"，可以说，价值是交换价值的基础，交换价值是价值的表现形式。

接下来，我们结合上述对产品概念的剖析，将商品的整体概念分为商品实质层、商品实体层和商品延伸层三个层次。

其中，商品实质层是指商品的功能和效用，相当于商品的"使用价值"。诚然，消费者购买某种商品，不仅仅是为了获得商品本身，更主要的是为了获得商品给其带来的某种需求的满足。例如，消费者购买汽车，实质上是为了出行更便捷、满足载人载物等需求；消费者购买手机，实质上是为了满足社交需求以及生活的便捷性需求等。基于此，商品的实质层是消费者购买商品的基础。对于产品经理来说，设计产品往往是为了推向市场，这就需要产品经理明确作为商品的前身之产品，能够给消费者带来哪些确切的功效和益处，这是产品推向市场、形成商品后能否赢得顾客的基础。

一般来说，商品的功能和效用（即使用价值）总是通过一定的具体形式反映出来，这就涉及了商品实体层的概念。可以说，商品的实体层向人们展示的是商品实质的外在特征，它包括外观形式和内在质量以及若干促销成分，即品质、品牌、包装、款式、造型、色调等。一般来说，在消费水平不高或商品"供不应求"的情况下，消费者购买商品主要考虑的是功能和效用，对商品形式上的要求会处于次要地位；但随着消费观念的提高和买方市场（即市场由消费者主导）的出现，消费者的要求会越来越高，选择余地也越来越大，这种情况下，消费者除了考虑商品的功效外，商品的质量、造型、颜色、品牌等因素也会成为影响消费者消费决策的重要因素。对此，产品经理要考虑到产品外观的设计对顾客消费心理的满足，以及产品推向市场环节中的运营措施等。

商品延伸层是指消费者在购买和使用商品时，获得的各种附加利益的总和。该层次包括商品在售前的咨询服务，售中提供的交易服务（如赊购，提供信贷或各种担保等），以及售后的送货、维修服务等。

总的来说，无论是产品基于某种或某些使用价值的实现，还是商品基于价值的实现，都是紧紧围绕消费者来展开的。一般来说，我们在不同的场合，会对消费者使用"顾客""客户""用户"等称谓，不管怎样，消费者群体无疑是产品以及商品服务的对象，尤其是实现商品价值的承担者。所以，无论是产品还是商品，都要坚持以客户为中心，这是产品经理需要树立的一个重要思想。

产品是企业的根本

任何企业的存在，总是基于一定的产品存在这个前提。可以说，产品做得好不好，直接关系到企业的生死存亡。为此，卓越的领导人从未将视线移开过产品，从未弱化过对产品的关注。毫不夸张地说，产品是企业的根本。

关于"企业的根本"这个话题，可谓有多种说法，比如"产品质量是企业的根本""诚信是企业发展的根本""售后服务是企业的根本""管理是企业的根本""执行力是企业的根本""盈利模式是企业的根本"等。应该说，从不同的角度出发，这些说法均有一定的道理。

然而，若从根本上来看，企业的存在，是为了满足顾客的特定需求，为此，企业要以自己的产品为媒介来满足顾客的需求。可以说，这是企业存在的最重要理由。难以想象，一个企业若无法满足潜在顾客的任何正当需求，又怎能形成自己的顾客群体，进而立足于市场之中？因此，任何企业都是在围绕产品而努力，无论是产品的设计、研发、生产阶段，还是产品的运营和推广阶段，企业的努力均是围绕产品而展开。

举例来说，产品的质量问题，关系到企业的声誉与发展，属于产品问题的范畴；企业的诚信，往往就是建立在产品质量的基础上，以及相应商务政策的一致性，也是与产品有关；售后服务主要是针对产品的售后环节展开，仍与产品有关；在企业管理中，一个重要的落脚点就是为顾客提供更好的产品与服务；企业的执行力、盈利模式同样离不开产品，否则就成了无源之水、无本之木。因此，"企业的根本"实际上是围绕产品展开，唯有尽一切努力将产品本身及其服务做好，才能使产品有效地打开市场，企业的投入与产出也才能见到效益，企业才能够健康地生存与发展下去。

诺基亚成立于1865年，总部位于芬兰。在公司刚成立的时候，诺基亚主要从事纸浆的生产及造纸业务，后来逐步向胶鞋、轮胎、电缆等领域扩展，由于涉及产业过多，却又未能将所涉及的产业中的产品做到极致，再加上产品经营方面的不利，使得诺基亚早在20世纪90年代初期时，就濒于破产。

1992年，约玛·奥利拉出任诺基亚CEO，决定拆分诺基亚的现有产业，只保留与电信有关的部门，将其他所有传统产业出售，并致力于做一家专业的手机制造商。从1995年开始，在1996~2010年，诺基亚手机连续14年占据手机市场份额第一的位置，诺基亚也一度成为世界上极为重要的手机制造商，而且早在1996年时，诺基亚就推出了基于Symbian操作系统的智能手机；其中，在2003年时，经典的"诺基亚1100"手机仅一款就在全球累计销售两亿台，取得了极大的市场成功；2010年第二季度，诺基亚在移动终端市场的份额约为35%，领先当时其他手机市场占有率20.6%。可以说，约玛·奥利拉凭借诺基亚手机的大获成功，缔造了诺基亚神话。

然而，仅仅一年过后，在2011年，诺基亚全球手机销量的增速就被分别采用iOS和Android操作系统的苹果及三星等手机双双超越，在智能手机市场领域，诺基亚呈现节节败退的颓势。到2014年时，诺基亚宣布正式退出手机市场。可以说，智能手机时代的来临，以及诺基亚在智能手机产品上的"不给力"，"革"了诺基亚手机的"命"。

在人们为诺基亚手机的昔日辉煌、连续风靡十几年却遽然"陨落"而扼腕叹息时，不由对诺基亚的兴衰产生了好奇。实际上，诺基亚手机遭遇挫折，是源于智能手机市场上用户的选择，那么用户为何选择苹果、三星等后起之秀，却拒绝了陪伴自己很多年的诺基亚手机呢？一个重要的原因是，诺基亚手机在产品竞争中落于下风，促使用户选择了性价比更佳、用户体验更佳的其他品牌智能手机。

我们总结诺基亚手机遭遇的挫折，可以得出以下几点：

第一，行动迟缓，错失智能手机发展时机。其实，早在2007年时，苹果公司就推出了智能手机iPhone，在2008年时，Android智能手机发布，然而当时坐拥全球手机老大位置的诺基亚却没有看清智能手机的发展方向，在触摸屏时代到来的大趋势下，诺基亚依然固守Symbian系统及手机物理按键，直到苹果、三星、HTC等手机厂商依据新的智能手机操作系统（如iOS、Android）大幅提升市场销量后，诺基亚才"匆忙应战"，包括在2011年与微软达成全球战略同盟，共同深度研发Windows Phone操作系统，并于同年宣布放弃Symbian操作系统。然而，在市场竞争中，"速度为王"，一旦有些产品获得了广大用户的认可，就意味着其他产品可能要为之而失去市场。在这方面，诺基亚手机可谓是典型的案例，从它2011年丧失全球手机销量第一的市场地位，到2014年退出手机市场，不过三年时间。

第二，"老大"心态作祟，不肯与操作系统新秀结盟。早在2007年时，谷歌公司就推出了改良版的Android操作系统，当时，诺基亚凭借其雄厚的硬件能力以及强大的品牌号召力，若果断地采用Android操作系统，显然会非常有利于诺基亚向智能手机时代的平稳过渡。举例来说，三星在2010年时，决定将其旗下的智能手机中的50%采取Android操作系统，在2011年时三星手机的市场销量就超越了诺基亚手机，显示出Android操作系统的旺盛生命力。然而，诺基亚在早期具有更好竞争条件的情况下，却没有新兴的Android操作系统，一个重要原因是，诺基亚做了十几年"手机老大"，同样希望在手机操作系统方面做"老大"，不屑于选择谷歌推出的Android操作系统。然而，尽管诺基亚与微软合作开发Windows

Phone操作系统，由于该操作系统的开发进度与技术更新上落后于其他操作系统（如iOS、Android），这使得诺基亚手机在市场竞争中举步维艰。

第三，产品战略摇摆不定，不断从零开始折腾，频繁自我洗牌，导致元气大伤。诺基亚很早就采用了Symbian操作系统（1996年），却对智能手机未来的发展研究不足；在iOS、Android系列智能手机的猛烈冲击下，诺基亚才意识到Symbian已经不适应智能手机时代的发展，于是干脆放弃长期投入的Symbian，再次从零起步与微软研发Windows Phone操作系统，此时显然落后于已在市场中占有先机的iOS、Android系列智能手机，使得诺基亚原先十几年积累的老品牌优势转化为市场新进者，这种自我否定，也影响了诺基亚在智能手机市场上的品牌号召力。

总的来说，关于诺基亚兴衰的研讨，可谓是一个很大的专题，但是简而言之，诺基亚在智能手机市场上之败，归根结底败于产品的综合部署，使得产品未能适应时代变化给用户带来更好的体验。所以，回首诺基亚的兴衰路，堪称"成也产品，败也产品"，产品无疑是企业的根本，的确不可等闲视之。

米开朗琪罗：细节成就完美

1475年，意大利佛罗伦萨，欧洲文艺复兴时期著名的雕塑家米开朗琪罗出生在这里，米开朗琪罗的父亲是当地一名法官；在米开朗琪罗六岁的时候，他的生母去世，接着，他在乳母（一位大理石匠之妻）的家中长大，从小就和大理石做伴。

13岁时，米开朗琪罗拒绝父亲为他做出的学业与职业安排，不再学习拉丁文，而是到一位画匠的作坊学艺，并显示出对绘画的浓厚兴趣；一年多后，米开朗琪罗开始专业学习雕刻艺术。23岁时，米开朗琪罗为圣彼得教堂制作《哀悼基督》雕像，这尊雕像的问世，意味着米开朗琪罗在石雕艺术上成名的开始。

在26岁时，米开朗琪罗又用四年时间完成了举世闻名的雕塑作品《大卫》。这尊雕像高2.5米，连基座高达5.5米，用整块大理石雕刻而成，重量重达5.5吨，被视为西方美术史上最优秀的男性人体雕像之一。该作品具有极强的艺术感染力，体现着外在的和内在的全部理想化的男性美，并给人一种强烈的"静中有动"的感觉。《大卫》获得巨大的成功，标志着米开朗琪罗在雕塑艺术上的成熟。

米开朗琪罗在完成《大卫》这尊雕塑作品后，接着受任去创作梵蒂冈西斯廷教堂的天顶壁画《创世纪》。西斯廷教堂的整个屋顶呈长方形，长

36.54米，宽13.14米，平面达480平方米；在这里，米开朗琪罗需要长时间地仰头绘画，《创世纪》经由米开朗琪罗花了四年零五个月的时间才告完成，其艰辛程度可想而知。米开朗琪罗用超凡的智慧和毅力完成的巨幅天画《创世纪》是迄今为止世界上最大的天顶壁画，整个作品场面宏大，人物多达300多个，人物刻画也震撼人心，被视为米开朗琪罗在绘画方面的杰出代表作。

此后，米开朗琪罗又陆续创作了《摩西》《被缚的奴隶》《昼》《夜》《晨》和《暮》等雕塑作品，以及又在西斯廷教堂花六年时间完成的壁画《最后的审判》等，为人类创造了无与伦比的艺术美。

可以说，米开朗琪罗一生追求艺术的完美，坚持自己的艺术思路，他的风格影响了几乎三个世纪的艺术家。1564年，89岁高龄的米开朗琪罗在罗马去世，他在生前与死后都为世界留下了极具震撼力的影响，他在雕塑方面的造诣被视为欧洲文艺复兴时期的最高峰。米开朗琪罗还与拉斐尔、达·芬奇被后人并称为"文艺复兴后三杰"。1982年，小行星3001以米开朗琪罗的名字命名，表达了后人对他一生追求完美的创作事业的尊敬。

对于自己一生在雕塑、辉煌等领域取得的巨大成就，米开朗琪罗认为，人类对于完美的追求，可谓在艺术作品上体现得淋漓尽致。那么，怎样才能缔造出完美的作品呢？对此，米开朗琪罗归纳为这样几句话：

"完美不是一个小细节，但注重细节可以成就完美。"

"雕像本来就存在于石头中，我只是把它从石头中解放出来。"

"我在大理石中看见天使，于是我不停地雕刻，直至使他自由。"

其实，米开朗琪罗留给后人的箴言还不止于此，我们在这里不再过多赘述。实际上，在米开朗琪罗一生的雕塑、绘画等创作生涯中，经他之手问世的一件件作品，从某种程度上来说，也是他所在的那个时代的"产品"，比如，米开朗琪罗本人在世的时候，其职业便是"石匠""画匠"等职业身份，他的创作也是一种职业行为，只是他的精益求精和非凡的创意，让这些"产品"穿透岁月时空，成了全人类宝贵的财富。

应该说，米开朗琪罗能够使"产品"变为"不朽"的作品，与他注重细节、追求完美的做事风格是分不开的。比如，米开朗琪罗有一次刚完成一件雕塑作品，正在凝望作品与沉思之际，一位朋友到访，问他正在想什么。米开朗琪罗答道："我在构思，把雕像这部分修改一下，把那部分稍加打磨，把这部分弄得柔和一些，使肌肉的线条突出一点……"

朋友听后不耐烦地说："这些都是小细节而已，何必这么费心劳神呢！"

米开朗琪罗却很认真地回应说："也许你可以这样说，但请你记着，将所有小细节加起来，就是完美！"

的确，正是因为对细节的高度重视，才使得众多堪称完美的作品在米开朗琪罗的手下诞生。

因此，对于卓越的产品经理而言，需要具备一种态度和精神，把对产品的期望上升为艺术家对作品的精雕细琢，用你的智慧和心灵去做产品，把产品做成接地气的作品，还何愁你的产品不能畅销与长销，从而获得成功呢！

用户需求是市场的脉搏

第二章

挖掘用户需求：产品源于需求

任何产品的诞生，总是基于人们的某种或某些需求，因此，产品是满足人们相应需求的载体。其中，使用产品的人，一般称为"用户"；购买产品的人，则称为"客户"。通常情况下，从产品经理的视角出发，我们会将两者统称为"用户"。任何产品的诞生，无不源于某种需求的存在。所以，做产品经理，就要对用户需求保持高度警觉，我们要为用户需求及时、精准地"号脉"，包括挖掘用户的潜在需求，甚至在一定程度上引领用户的未来需求。

用户需求就是市场所在

什么是市场？买卖需求关系就构成了市场。所以，找市场就是找需求；开发市场，就是开发用户的需求。

诚然，任何产品的问世，总是源于一定的需求。举例来说，电灯的发明，是源于人们对夜晚时光明的需求；汽车的发明，是源于人们对交通工具的需求；电脑的发明，是源于人们对数据处理的需求；互联网的发明，是源于人们信息沟通的需求等。可以说，离开了需求，产品就会成为无源之水、无本之木，只有建立在需求的基础上，产品才会绽放出更加旺盛的生命力。

其实，关于用户的需求，在很多时候，用户总是用已知的事物来理解未知的世界。这就好比《红楼梦》里"刘姥姥进大观园"的一个情节，刘姥姥习惯了在乡下生活，所见与所需也大多源于过去的生活场景，因而初进贾府修建的大观园时，见了园中很多物件都颇觉稀奇，但是细想之下，又豁然发现这些物件确实有用。其实，用户在很多时候也是这样，他们未必清楚自己的需求，但是当具备某种功能的产品突然摆在用户面前时，用户才会发现产品竟然如此懂自己的心理。

正如乔布斯所说："消费者并不知道自己需要什么，直到我们拿出自己的产品，他们就发现，这是我要的东西！"其实，产品经理在发掘用户的需求时，不仅要着眼于用户当下的表面需求，更要从中挖掘出打动用户内心的潜在需求。

对此，我们平时会听到这样的话："消费者想要什么就给他们什么！"实际上，满足消费者某种需求的载体总是在不断变化的。比如，消费者有沟通需求，那么，固定电话、智能手机、QQ、微信、E-mail等均是满足消费者沟通需求的载体，那么，究竟哪种沟通载体让消费者感到更便捷、成本更低，从而更加热衷于使用？这是需要产品经理用心思考的问题。

一般来说，产品经理要对用户的需求具有前瞻性，不仅能够看到当前的技术满足用户需求的解决方案，还要探讨未来能够满足用户需求的更好的解决方案。

可见，浅层次地挖掘用户需求或许不是很难，如何将科技与用户需求紧密结合起来，用科技更加人性化地满足用户需求，将是产品能否赢得用户的关键所在。

记得曾经有段时间，人们习惯于听到"乔布斯喜欢引领消费者需求"的说法，在某种程度上以为乔布斯通过"闭门造车"取得了产品的成功。实际上并非如此，乔布斯在研究产品的需求时，十分注意倾听消费者的意见，他和消费者之间有很多的交流，所以才得以精准地把握住消费者的需求。

同时，乔布斯还发现，产品经理与消费者在看待需求的问题上，是显然不同的。这是因为，产品经理需要考虑现有的科技是否能够完美地解决用户的需求，相反，用户是不清楚哪些科技可以做什么，以及改变整个行业的突破口究竟在哪里，用户只是知道自己"需要沟通""需要交通工具"等现实性需求，并不清楚用什么科技手段才能更好地满足这些需求。为此，这些工作就要由产品经理来完成。同时，产品还要考虑到用户在价格、情感方面的接受度，正是这样，我们才会多次将产品经理比喻为"产品"与"用户"间的桥梁。在这方面，乔布斯可谓是一个出色的产品经理。

举例来说，早在1981年，美国施乐公司就推出了带图形界面和鼠标的电脑，这与以往需要输入文本命令才能操作的电脑相比，可谓在电脑界掀起了一场革命。可以说，这种图形界面搭配鼠标使用的电脑，即便从未接触过电脑的小孩子，也可以轻松地操控。然而，这款电脑也存在一些缺陷，比如说，它运行缓慢，即便保存稍大一点的文件都得花费数分钟时间，此外，它的售价非常昂贵，高达16595美元，超出了当时美国很多家庭的承受能力。因此，施乐公司的这项发明并未能够有效地推广开来。

说实话，在个人电脑的普及史中，图形界面搭配鼠标的产品策略，起到了关键的作用，因为这样的产品极大地降低了操作难度，从而推动了个人电脑的普及。但同时，我们也要考虑到，用户的需求固然重要，用户为此需求的经济承受能力同样重要。

正是看到了这一点，乔布斯敏锐地抓住商机，在1984年成功地推出了苹果的第一款带图形界面和鼠标的Macintosh电脑，同时有效地解决了电脑运行缓慢的问题，而且售价仅为2495美元。当乔布斯在台上演示这台电脑时，台下的观众看到竟然有如此"完美无缺"、还能让自己买得起的电脑，都近乎尖叫与疯狂。很快，乔布斯推出的Macintosh电脑获得了巨大的市场成功。

其实，我们前面提到某国内手机厂商的一些做法，与乔布斯有异曲同工之妙。比如，厂家同样深深地懂得用户需要使用一部质量出色的智能手机，然而在当时的市场上，智能手机并不缺乏，但是普遍价格较高。在这种情况下，产品经理就要洞悉用户的经济承受能力，这也是构成用户有效需求的一个重要组成部分。

我们知道，但凡提起厂家手机，总会给人留下"性价比高"这样的印象，这便是该厂把握用户需求，而且生产出能让广大用户买得起的手机，从而获得市场成功的一个重要的秘密所在。

最后，对于产品经理来说，挖掘用户需求一定不是单纯地、浅层次地了解用户"需要什么"，而是深入用户的内心去挖掘用户的需求，必要时将自己换位思考为用户去自我挖掘；同时，产品经理还要确保自己的产品让目标用户群体买得起，从而让产品接地气。这是需要产品经理认真揣摩的。

马斯洛需求层次理论

在现实生活中，我们会发现人们有着各色各样的需求，围绕这些需求，形成了相应的、形形色色的产品与市场。总的来说，在人们的需求体系之中，除了常见的"衣食住行"需求，还有其他品类繁多的需求，很多企业便是针对这些需求开展经营的。比如，有些人有骑马锻炼的需求，于是一些马术馆应运而生；有些人有出国旅游的需求，于是一些经营跨境游业务的旅行社繁荣起来等。

总的来说，有些人的需求在别人看来未必可以理解，但是对于产品经理而言，就要具备"洞若观火"的能力，有效地理清目标用户的需求，甚至在某种程度上挖掘与引领用户的需求。这就需要我们从人们纷繁芜杂的需求表象中理清思路。

对此，美国著名的社会心理学家马斯洛（1908～1970年）曾经在其代表作《人类激励理论》中提出过著名的需求层次理论，被称为"马斯洛需求层次理论"。在该理论中，马斯洛将人类需求从低到高，像阶梯一样按层次地分为五种，分别是生理需求（Physiological needs）、安全需求（Safety needs）、爱和归属感（Love and belonging）、尊重需求（Esteem）和自我实现（Self-actualization）。我们根据对一个人所处不同阶段的研究，将马斯洛需求层次理论描绘成如下图所示：

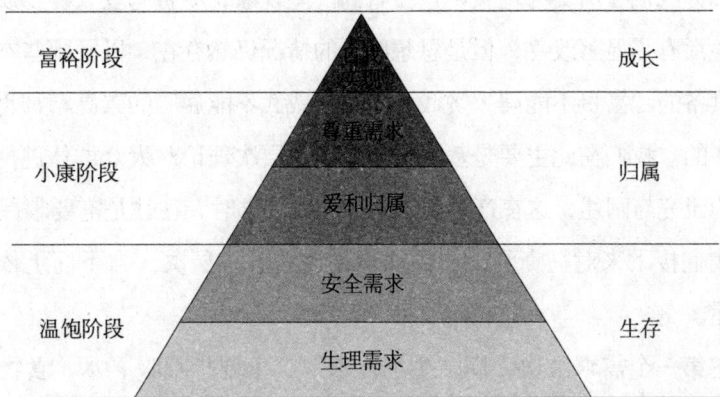

图2.1　马斯洛需求层次理论

　　在马斯洛需求层次理论中，人们通常在满足低层次需求的基础上，才会逐渐有更高层次的需求。在这方面，马斯洛经研究发现，在某种极端情况下，假如一个人同时缺乏食物、安全、社交和尊重，那么通常对食物的需求量是最强烈的，其他需求则显得相对不那么重要。此时，人的意识几乎全被饥饿所占据，所有能量也都被用来获取食物。当人们从生理需求的控制下解放出来时，才可能出现更高级的、社会化程度更高的需求，比如安全需求、社交需求等。

　　在这方面，我国春秋时期的著名改革家、时任齐国宰相的管仲曾在其著作《管子》中说："仓廪实而知礼节，衣食足而知荣辱。"也就是说，老百姓粮仓充实、衣食饱暖，荣辱的观念才有条件深入人心，老百姓也才能自发、自觉、普遍地注重礼节，崇尚礼仪。从某种程度上来说，管仲也是从大众的角度，认为人们只有满足低层次的需求，才有可能产生更高层次的需求。后来，西汉时的司马迁在其著作《史记》中，也对管仲的这个观点从历史角度予以了肯定。

　　可见，若不以理论的系统化角度来评判，我国早在春秋时期就已提出了"马斯洛需求层次理论"的思想。当然，马斯洛需求层次理论并非绝对的，因为我们在历史与现实中也会看到一些现象，尽管有些人在物质层面上的生活有了显著改善，但是思想腐化的情况仍然存在，以及那些杰出人物所具备的"富贵不能淫，贫贱不能移，威武不能屈"的崇高精神也是客观存在的。我们在此主要是基于马斯洛需求层次理论对大众群体进行普通层面的研究与阐述，这在产品经理挖掘用户需求时，往往是需要掌握的。

我们接下来对马斯洛需求层次理论中的五个层次，自下而上依次进行阐述。

在第一个需求层次，即"生理需求"，主要指呼吸、水、食物、睡眠、分泌、生理平衡、性等基本生理需求。在马斯洛看来，如果这些需求（除性以外）中任何一项得不到满足，那么个人的生理机能就会无法正常运转，也就是说，人类的生命就会因此而受到威胁。从这个意义上来讲，生理需求是推动人们行动最首要的动力。对此，马斯洛认为，只有这些最基本的生理需求满足到维持生存所必需的程度后，其他的需求才可能变得重要。

在第二个需求层次，即"安全需求"，主要指人身安全、健康保障、资源所有性、财产所有性、道德保障、工作保障、家庭安全等。马斯洛认为，人们总是希望追求一种安全的机制，为此，人们会进行一系列的努力来实现所需要的安全。当人们满足了关于安全的需求后，接着会产生更高层次的需求。

在第三个需求层次，即"爱和归属"，主要指人们在社交中的人际关系，比如友情、爱情等。一般来说，人们在实现了生存阶段的最初两个需求层次后，会产生一种心理归属的需求，比如人们希望得到相互的关怀和照顾，这种感情上的需求往往比生理上的需求更加细致，它通常与一个人的生理特征、经历、教育等因素有关系。

在第四个需求层次，即"尊重需求"，主要指自我尊重、与他人的彼此尊重、信心、成就等。马斯洛认为，通常来说，人们都希望自己有稳定的社会地位，也希望个人的能力和成就得到社会的承认；如果人们的尊重需求得到满足，能使其对自己充满信心，对社会满腔热情，体验到自己的价值，从而带来心灵的愉悦。

在第五个需求层次，即"自我实现"，主要指道德、创造力、自觉性、问题解决能力、公正度等。通常来说，自我实现的需求是一个人最高层次的需求，是指实现个人理想、抱负，发挥个人的能力到最大程度，从而达到自我实现的境界，简而言之，人必须干称职的、能够充分发挥自己能力特长的工作，这样才会使其感到最大的快乐。对此，马斯洛提出，为满足自我实现的需求所采取的途径是因人而异的。自我实现的需求是在不断努力地挖掘自己的潜力，从而使自己越来越成为内心所期望的人物。

最后，在了解马斯洛需求层次理论的基础上，当我们再去观察和研究人们多种多样的具体需求时，就能够更好地从纷繁芜杂的表象中抽茧剥丝地理出思绪，从而系统地认识用户的需求。

用户说的，也可以不是真的

任何产品的功能都是为需求服务的，基于此，为了确定产品应有的功能，产品经理在进行用户需求调研时，常会遇到各种各样、种类繁多的需求。那么，用户说的需求，是否都应一一满足呢？也未必，产品经理要能够对用户形形色色的需求进行甄别，对需求进行去伪存真、去粗取精。

我们不妨来看一个故事。

在一条街上，有三个水果店。

一天，一位老太太来到第一家水果店问："您这里有李子卖吗？"

店主见有顾客来，便迎上前来说："有的，您看我这里的李子又大又甜，新鲜得很呢！"

不料老太太听后，竟扭头就走了。店主还挺纳闷："哎，真奇怪，我这里有李子，顾客怎么还走呢？"

老太太接着来到第二家水果店，同样问："您这里有李子卖吗？"

第二位店主马上迎上前说："有的，我这里的李子有酸的，也有甜的，请问您是想买酸的还是想买甜的？"

老太太选择了买酸的李子，从第二家水果店里买了一斤酸李子回去了。

第二天，老太太来到第三家水果店，同样问："您这里有李子卖吗？"

第三位店主也迎上前说："有的，我这里的李子有酸的，也有甜的，您是想买酸的还是想买甜的呢？"。

老太太回答："我想买一斤酸李子。"

在第三位店主给老太太称酸李子的重量时，顺便问老太太："在我这里买李子的人一般都喜欢甜的，您为什么要买酸的呢？"

老太太回答："最近我儿媳妇怀上孩子啦，特别喜欢吃酸李子。"

第三位店主听后说："那要恭喜您老人家快要抱孙子了！有您这么会照顾人的婆婆，您的儿媳可是好福气啊！"

老太太笑着说："您过奖了，怀孕期间当然最要紧的是吃好，胃口好，营养好啊！"

第三位店主又说："怀孕期间的营养是非常关键的，不仅要多补充些高蛋白的食物，听说多吃些维生素丰富的水果，生下的宝宝才会更聪明！其中，猕猴桃就富含维生素和人体所需的多种微量元素，号称'水果之王'，您看是否也来些呢？"

于是，老太太又从第三位店主的店里买了一斤猕猴桃。临走时，第三位店主又叮嘱老太太"孕妇可以吃李子，但不宜多吃，需适量"。此后，老太太经常光顾第三家水果店，并成了这里的老顾客。

在上面的故事中，老太太难道真的是需要买李子吗？从表面上看，这是老太太的一个需求，但在这个需求的背后，是老太太的儿媳妇怀孕，老太太希望让儿媳妇胃口更好、营养更丰富、身体更健康、腹中的胎儿健康发育的真实需求。因此，如果我们只是看待老太太的表面需求，那么所获得的需求数据就是粗糙的、不够真实的。

其实，对于产品经理来说，只有抓住了用户的真实需求，才能使得设计和研发出的产品功能更受到用户的喜爱，从而增强用户对产品的黏性，就像上面的故事中，老太太发现第三家水果店发掘出了自己内心的真实需求，后来就成了第三家水果店的忠实顾客。

因此，产品经理对于用户的需求，一定不要停滞于表面，而要深入挖掘，从而找到最佳的解决方案。

还有个例子，一个APP产品研发团队接到用户反馈的一条意见，希望将这款APP页面中的字体颜色设置为白色。然而，当这款APP页面中的字体颜色调整为白色时，用户又表示颜色有些单调，不够赏心悦目。于是，该研发团队的产品经理在深入观察和研究后，发现原来的页面背景颜色比较暗淡，用户希望把字体颜色改成白色，是为了看清楚文字，因此，"把字体颜色改成白色"只是一个表面需求。为此，产品经理决定将页面的背景颜色调得淡一些，同时美化了UI（User Interface，用户界面）设计。此后，用户反馈的问题得以解决，还提高了用户的满意度。

一般来说，产品经理的决定会涉及一系列投入与产出，对此，产品经理从用户提出的需求出发，找到用户内心真正的需求，再转化为产品需求，可以有效地避免企业不必要的资源支出。实际上，对于产品经理来说，只有"需求"和"不需求"，没有绝对意义上的"真需求"和"假需求"，很多情况下，"假需求"的背后往往潜藏着"真需求"，这就需要产品经理具备挖掘用户需求的能力。

也正是因为这样，国内很多一线互联网公司在面试产品经理相关职位时，才会总是考察产品经理的需求挖掘和分析能力。比如，某公司曾经有这样的一道面试题：

"针对现在突然'火'起来的广场舞大妈，随之而来有噪音、扰民、没有场地等问题，针对广场舞大妈，设计一款社交产品。"

其他公司也曾有类似的面试题：

"说出生活中你认为体验不好的地方或者存在的问题，并说出自己的解决方案。"

其中，在某公司的上述面试题中，无疑是将"广场舞大妈"视为产品的用户群体，那么在设计产品时，自然会涉及挖掘和分析"广场舞大妈"的需求的环节；其他公司的上述面试题中，用户"体验不好的地方或者存在的问题"，相当于用户的需求"痛点"，也涉及了用户的需求问题。此外，还有很多公司在面试产品经理时，会提及与用户需求相关的一系列问题。

　　总之，对用户需求辨伪存真、深入挖掘，是产品经理需要必备的一项职业能力。对此，产品经理不可等闲视之。

把握用户的兴奋点和痛点

有人曾经总结出做好产品的六字"真言"：刚需、痛点、高频。其中，"痛点"在用户的需求体系中占据重要位置，也是产品革新的关键所在。比如，为什么智能手机用得越久，就会变得卡、慢？相信每个手机用户在日常使用当中都会有切身体会：打开一个APP非常慢，甚至在关键时候死机等。正是基于这样的需求"痛点"，一系列"优化大师""清理大师"产品出现了。

有些对电脑不太熟悉的中老年人想上网，可是又记不住那么多网址，又不擅长键盘输入，该怎么办呢？于是，一些"网址导航"类的网站出现了，如"hao123""360导航"等导航类网站。

还有些人在上网聊天时打字速度很慢、很吃力，又该怎么办呢？于是，具备"语音录入""视频聊天"等功能的一系列产品出现了，如QQ、微信等。

在用户的需求体系中，除了"痛点"，"兴奋点"也很重要。也就是说，这些"兴奋点"能够有效地增强用户对产品的好感和黏度。比如，微信在刚开始研发时，研发团队找了很多需求点，但均未形成产品的突破点，即迅速使用户喜爱上微信。后来，微信开发出"摇一摇"的功能，可谓在很多用户的眼前一亮，使得微信快速获得了第一批忠诚用户。在这里，微信的"摇一摇"功能就把握住了用户的"兴奋点"，即只要把手机摇一摇，就可以"找到这个世界上同样也在摇手机的朋友"，这显然为用户增加了一种耳目一新的社交方式。

一般来说，我们在挖掘用户的需求时，会经过从"刚需"到"痛点"、再到"高频"的过渡。比如，在用户的一系列需求之中，有哪些需求是用户必须需要的？这便是刚需所在。我们以一个比较极端的场景为例，"我们能否在用户口渴难耐时，递给其半瓶救命水？"在"用户口渴难耐"这个场景下，"喝水"既是用户的刚性需求（即刚需），也是用户需求的"痛点"。我们可以知道，在正常情况下，"喝水"这个需求是"刚需""高频"。

相对来说，还有些场景，往往也可以成为刚需与痛点，但可能发生频率较低，不具备"高频"的特点。举例来说，"上门修锁"这个需求场景，对于一些家里的锁坏掉的用户而言，这不仅是"刚需"，还是"痛点"，然而，这样的需求场景对于用户来说，一般频度较低。产品经理在设计产品时，如果仅定位于"低频"需求，就不利于从数量上凝聚用户。

我们仍以微信为例，为什么微信在2011年推出后，仅用433天的时间就实现注册用户突破一亿？在2013年时，微信用户数量再次刷新，其中，国内注册用户超过四亿，海外注册用户超过一亿。一个重要的原因是，微信定位于解决人们的"沟通"需求；我们知道，人类的本质属性是社会性，从某种程度上来说，"沟通"是人的一项必备的生存需要。所以，"沟通"需求可谓是"刚需""痛点"和"高频"。微信获得的巨大成功，与微信对用户需求的准确定位是有密切联系的。

其实，也有不少定位于"沟通"需求的社交APP产品在市场中遭遇失败，比如"饮食男女""寂寞""看过"等APP，均已宣布"死亡"。据统计，APP的生命周期平均只有十个月，85%的用户会在一个月内将其下载的APP应用程序从手机中删除，而到了五个月后，这些APP应用程序的留存率仅有5%，"死亡率"则高达95%。在"死亡"的APP中，类似于微信的社交类APP占了35%，是死亡率最高的类别。

那么，为什么市场上每年都会出现那么多失败的产品呢？对此，产品经理要有足够的反思，要看自己是否真正把握住了用户的需求"兴奋点"和"痛点"。世界著名的产品顾问乔克·布苏蒂尔在其著作《产品经理方法论》中曾总结道，企业最愚蠢的行为，就是往一个根本不存在的市场里"砸钱"，或者说没有把握住用户真正的"痛点"，以及将这些"痛点"解决好。

比如，现在市场上有些产品，从概念上来看，的确不错，诸如谈材质、外形和工艺等如何好，可是却忽略了用户的需求"痛点"。还有些产品，虽然具备一些新颖的功能，算是锦上添花，但却属于用户可有可无的需求，这往往不是"痛点"，充其量不过是"痒点"，难以成为打动用户的关键理由。一般来说，任何一款成功的产品，无不是从用户哪怕一个很细微的"痛点"切入，从而取得成功的，正是这样，产品才显得"接地气"、有魅力、"让用户尖叫"、让用户变成你的粉丝。

总之，在当今互联网时代，当企业在技术条件相差不大的情况下，我们真正需要抓住的是做产品的基础，即用户的需求"痛点"，否则，即使产品设计再漂亮、想法再精妙，都难以和用户产生共鸣，也难以创造出好产品。

需求文档写作之金字塔原理

　　产品经理在工作中，经常需要写一些需求文档，从而使调研阶段比较散乱的需求变得系统化，这就需要产品经理拥有清晰的逻辑思维和良好的写作能力，只有这样，才能使产品经理不仅能想清楚，还能说明白。金字塔原理在需求文档写作中具有重要的作用。下面我们就来简单介绍一下什么是金字塔原理。

　　提起金字塔，我们一般都不会陌生，可能会联想起古埃及法老的陵墓"金字塔"。总的来说，金字塔整体呈现出一种层次性、结构化的特点。其实，我们这里介绍的"金字塔原理"，便是取自于金字塔的这种特点，从而形象化地表示一种思维方式。这种思维方式可以更好地提出观点或者论点，进而帮助你的写作。

　　金字塔原理是在1973年由美国麦肯锡公司的咨询顾问巴巴拉·明托提出来的，旨在帮助工作中需要撰写复杂的报告、研究性文章、备忘录或演示文稿的人士以及其他社会各界人士提高写作能力。

　　简而言之，金字塔原理就是要先表明中心思想，再阐述分论点及论据，然后层层延伸，状如金字塔。

　　一般来说，采用这种方法，有助于人们将一个问题叙述清楚。金字塔原理如下图所示：

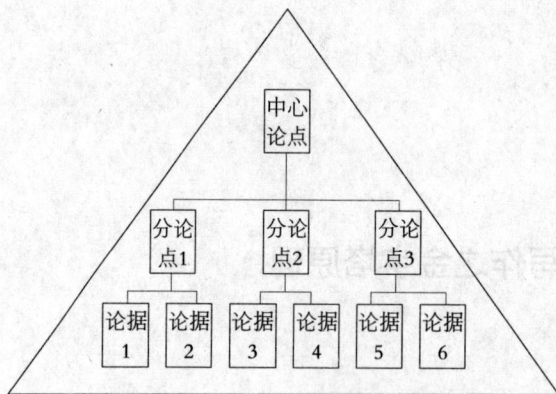

图2.2　金字塔原理示意图

通常情况下，一篇条理清晰的需求文档，要能够向读者快速地表达清楚作者的意图。

要做到这些，往往需要遵循四项基本原则：

第一，一篇文档必定只有一个中心思想。

第二，任何一个层次上的思想都必须是下一层次思想的概括。

第三，每组中的思想必须属于同一个范围。

第四，每组中的思想必须按照逻辑顺序组织。其中，常见的逻辑顺序有时间顺序（或步骤顺序）、结构顺序（如"总分总"结构）、重要性顺序（如"最重要""次重要"）等。

依据上述金字塔原理，我们以互联网产品经理为例，看需求文档具体应该怎么写。

对于产品经理来说，"需求"往往来自于三个方面，分别是"从用户角度出发的需求""从商业利益角度出发的需求"以及"从项目角度出发的需求"。具体来说，就是用户的功能性需求要怎样满足，产品如何获利的需求，以及整个产品项目需要哪些资源的支持等。

产品经理面临的"需求"如下图所示：

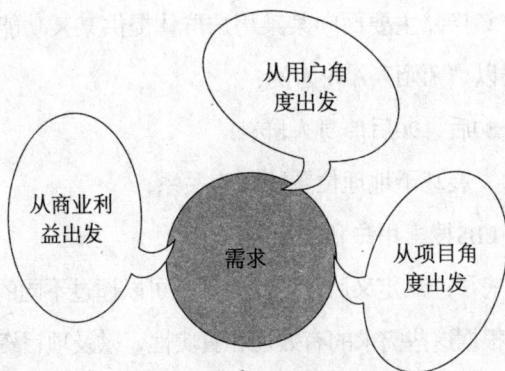

图2.3 三种来源的需求

在上述三种来源的需求中，我们在此主要研究用户需求，其他暂不赘述。一般来说，我们分析用户需求时，首先要对产品进行明确的定位，这主要包括产品定义和用户需求两个方面的内容。可以说，产品定位不仅是分析用户需求的前提，还是需求文档和设计产出的判断标准。此外，产品定位还有助于使团队成员形成统一的目标和对产品的统一认识，从而提高团队的凝聚力和工作效率。我们利用金字塔原理的思想，将产品定位描述如下：

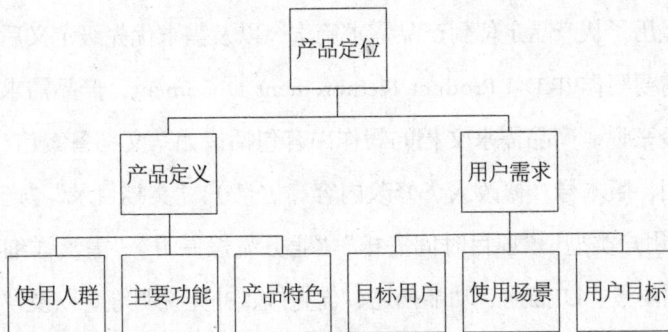

图2.4 产品定位

其中，产品定义有时也称为"产品定位"，主要指用一句话就能概括某个产品，如"该产品主要面向某某用户群体提供某某功能，具有某某特色"。我们不妨以"陌陌"APP为例：

使用人群：80后、90后单身人群；

主要功能：发展基于地理位置的陌生关系；

产品特色：LBS搜索用户和群组。

一般来说，有了产品定义后，产品经理就可以通过不同的方式来收集大量的需求，然后根据这些需求的有效性和真实性，以及项目资源情况进行筛选和匹配，提炼出有效的产品需求，并定义出优秀级。具体如下图所示：

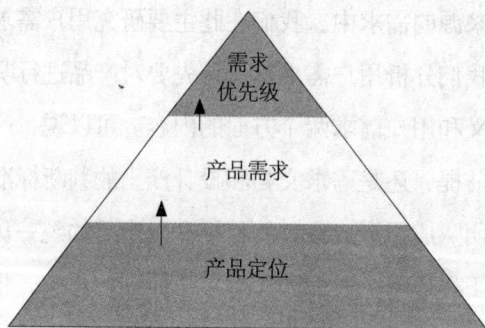

图2.5 产品定位与需求

在经历了从产品定位到产品需求筛选，以及需求优先级定义后，产品经理就需要写作PRD（Product Requirement Document，产品需求文档）了。一般来说，产品需求文档的写作内容包括诸如"文档备案信息"（如文档日期、版本号、修改人、修改内容等信息）、"文档目录""产品背景描述""用户类型""项目时间安排""业务流程说明""需求详细说明"（如使用场景、UI描述、功能描述、优先级、补充说明等）以及"关联业务部门的支持"等。

总之，成功都是有方法的，写作产品需求文档同样如此。产品经理们只要用心揣摩金字塔原理，相信一定可以写出高质量的产品需求文档！

学会制作调查问卷

在挖掘用户需求方面，经常离不开调查问卷，可以说，调查问卷的用途非常广泛。然而，调查问卷在质量方面却有优劣之分，出色的调查问卷更有助于我们收集、了解与甄别用户的真实需求。为此，我们要了解如何制作一份高质量的调查问卷。

一般来说，一份完美的调查问卷需要具备两个功能：一是能将问题清晰地传达给被问者，二是使被问者乐于回答。为了使调查问卷具备这两个功能，我们应遵循以下设计原则：

第一，调查问卷的主题要明确。为此，我们要从实际出发拟题，所提问题的目的要明确，并且突出重点。

第二，调查问卷的结构要合理，逻辑性要强。在调查问卷中，问题的排列应有一定的逻辑顺序，符合应答者的思维程序。通常情况下，我们宜采取先易后难、先简后繁、先具体后抽象的提问顺序。

第三，通俗易懂。调查问卷应该使应答者一目了然，问卷中还要语气亲切，符合应答者的理解能力和认识能力，尽可能避免使用生僻的专业术语，对于一些敏感性问题要采取一定的技巧，使问卷具有合理性和可答性，同时，还要在问卷中避免主观性和暗示性，以免问卷的客观性减弱而答案失真。

第四，要控制调查问卷的长度。一般来说，调查问卷的作答时间应该控制在20分钟左右，时间过短，不便于深入了解用户的需求，时间过长则容易使用户产生烦躁或敌对情绪，从而影响问卷的作答质量。

第五，调查问卷要便于整理和统计。在市场调研中，一般有定性与定量两种方式，其中，调查问卷是定量调研的一种重要方式。在问卷调研中，基于样本量在数量方面通常较大，因而往往会产生大量的问卷，为此，我们在设计调查问卷时，应确保问卷易于整理和统计。

在调查问卷中，一般包括"开放式"和"封闭式"两种问题。

"开放式"的问题又称为无结构的问答题，通常没有已拟定的答案，如"请您谈下对这款产品的期望是怎样的？"应答者可能会基于个人的不同认识而做出不同的回答。

"封闭式"的问题又称为有结构的问答题，它通常规定了一组可供选择的答案和固定的回答格式，如"您喜欢这款产品的外观颜色是白色的还是黄色的？"应答者只需从给定的若干选项中按照规定进行选择即可。

我们再来看下在设计调查问卷中，通常需要进行的几个步骤：

第一步，把握目的和内容。

我们在前面阐述关于设计调查问卷应遵循的原则时，就提到过设计调查问卷，务必要首先明确调研的目的和内容，后续的工作则是围绕这些调研目的和内容展开。

第二步，搜集资料。

我们在设计调查问卷时，通过搜集资料，可以为我们提供丰富的素材，从而使我们对调研目标有个总体的认识。另外，在搜集资料时，我们对个别调查对象进行访问，有助于了解受访者的经历、习惯、文化水平等状况，从而使我们设计出一份尽可能适合整个被调研群体的问卷。

第三步，确定调查方法。

一般情况下，不同类型的调查方式，会对问卷设计有些影响。举例来说，在面访调查中，由于被调查者可以看到问卷，还能与调查人员面对面地交谈，因此可以询问较长的、复杂的问题，在问题类型选择方面有较大的灵活性。

在电话访问中，被调查者可以与调查员交谈，但是看不到问卷，这就决定了调查员适合问一些短的、比较简单的问题，不宜问些复杂的问题。

在邮寄问卷调查中，被调查者与调研者没有直接的交流，主要是被调查者独自进行问卷作答，这就需要在问卷中给出详细的指导语。

在计算机辅助问卷调查中，一般可以实现较复杂的问题跳答和随机化安排问题，从而尽可能减小由于问题顺序造成的偏差。

第四步，确定问卷内容。

我们在决定采用某种调查方法后，接下来就是确定问卷中的每个问答题的内容，包括每个问答题应该怎样阐述，要调查哪些具体的问题，整份问卷是否全面与切中要害等。

第五步，确定调查问卷中问题的结构。

我们在前面已经提到，问卷中的问题主要有"开放式"和"封闭式"两种结构，对于这两种结构，我们要根据实际需要来灵活运用。

开放性问题对于探索性调研是比较有帮助的，但在大规模的抽样调查中，会不便于对问题结果进行统计。所以，在开放式问卷中，需要注意的是，问卷调查研究者需要有较强的资料分析能力，而被调查者则不适合文化程度不高或文字表达有困难的对象。

封闭性问题有利于标准化作答，但是有可能产生"顺序偏差"或"位置偏差"等。所以，在封闭性问题回答部分的最后加一项"其他"，可以填写被调查者自己的想法，这样能够使得问卷效果更加真实可信。

此外，在当今互联网时代，我们还可以借助一些问卷调查的专业网站（如问道网、问卷星等），在这些网站上创建调查问卷与发布问卷链接，同样可以进行问卷调查工作。我们不妨以"问道网"为例，如下图所示：

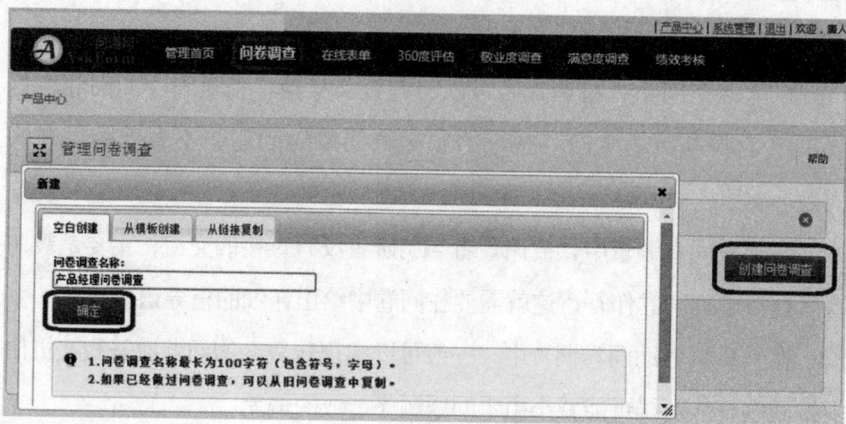

图2.6　问卷调查（1）

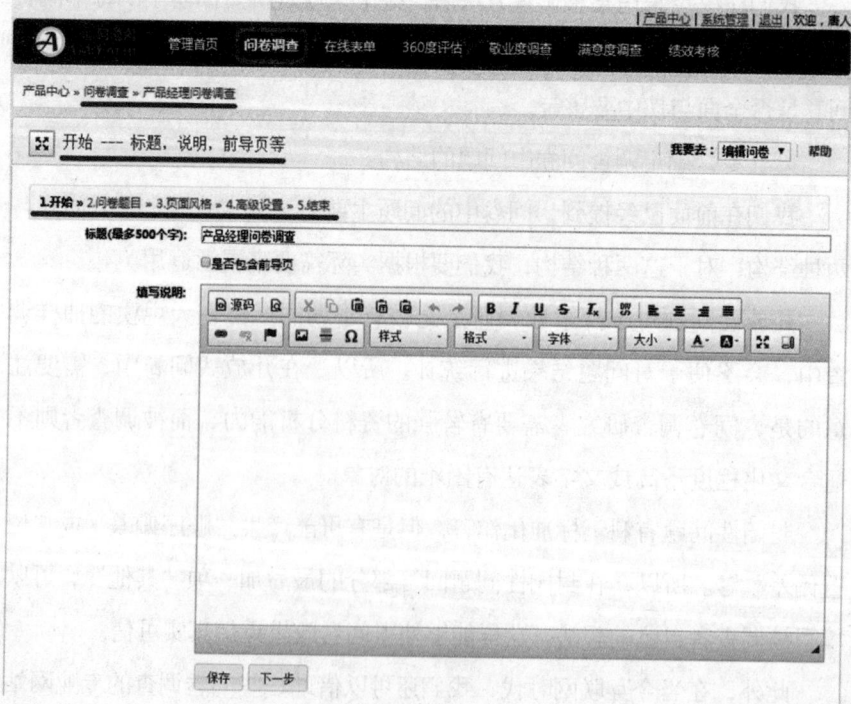

图2.7　问卷调查（2）

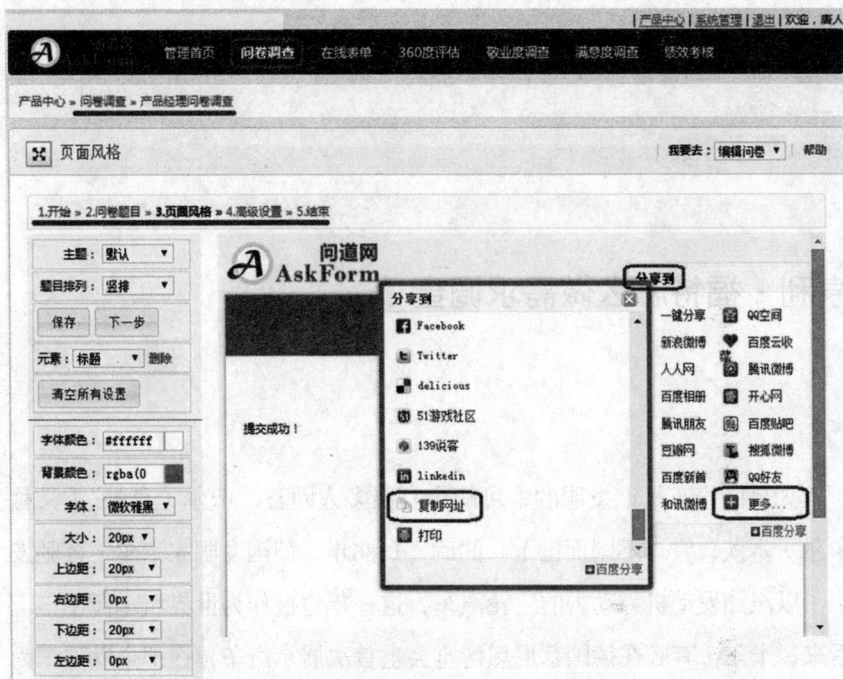

图2.8 问卷调查（3）

通过上面的三幅图可知，我们在类似"问道网"的问卷调查网站上进行注册和登录后，就可以直接在网站上制作调查问卷；在问卷制作完毕后，我们可以通过一些社交媒体进行分享（如QQ空间、人人网、百度贴吧、QQ好友等），还可以复制问卷的网址，只要我们将该网址发给应答者，就可以使应答者进行在线作答，这使得我们在问卷调研方面更加便捷。

总之，作为产品经理，我们在学会如何做好一份高质量的调查问卷的基础上，可以充分借助时下丰富的互联网技术和资源，更好地开展用户需求调研。

亨利·福特怎么做需求调查

如果问汽车是谁发明的，可能会有很多人回答"卡尔·奔驰"（又称卡尔·本茨，音译不同而已）。的确，1886年，德国发明家卡尔·奔驰发明了以汽油发动机为动力的三轮汽车，这一年也被作为世界汽车诞生年。后来，卡尔·奔驰在德国慕尼黑博览会上首次展示汽车，在那个以马车为主流交通工具的时代，汽车引起了人们很大的轰动。于是，大批客户开始向卡尔·奔驰订购汽车，卡尔·奔驰也随之成立了一家汽车公司，就是现在的德国奔驰汽车公司。

然而，自从卡尔·奔驰发明汽车以来，由于汽车的生产成本较高，因此价格昂贵，汽车主要在上层社会得以消费，社会上的大众阶层仍无缘使用汽车这种"高档奢侈品"。在汽车的普及史中，有一个人起了非常重要的作用，他就是亨利·福特。

1913年，美国汽车工程师与企业家亨利·福特在自己创建的汽车公司里创立了全世界第一条汽车流水装配线，并在全世界得以广泛推广，这种流水作业法后来被称为"福特制"。这种生产方式是在实行标准化的基础上组织大批量生产，并使一切作业机械化和自动化，从而成为劳动生产率很高的一种生产组织形式。由于流水线作业方式极大地提高了汽车的生产效率，使得汽车的生产成本得以大大下降，也随之降低了汽车的价格，促进了汽车走进大众生活之中。

其实，除了创造性地采用汽车流水线生产方式，亨利·福特还是一个著名的汽车发明家。早在15岁时，亨利·福特就亲手制作了一台内燃机；在33岁时，亨利·福特制造了他的第一辆四轮汽车。后来，亨利·福特还创立了一家汽车公司，就是现在世界著名的福特汽车公司。

其实，福特研制汽车时，并非"闭门造车"，也是进行了充分的用户需求调查与分析之后才进行设计与研制的。比如，在福特设计汽车之前，曾询问很多人的需求："您需要一个什么样的、更好的交通工具？"几乎所有人的回答都是"一匹更快的马"。这是因为，在那个时代，马车是大众最主要的交通工具，马作为马车的动力，自然要能够跑得"更快"，人们对新生事物"汽车"还不熟悉。

其实，"更好的交通工具"表示用户的"需求"，"更快的"是用户对于解决这个"需求"的"期望值"，"马"是用户对于解决这个"需求"的自假设"功能"。对此，如果我们获悉用户的需求是"一匹更快的马"，进而一味地在"马"上做文章，显然会将思路框死，结果也会很难突破；相反，我们在听到用户需要"一匹更快的马"时，考虑"更快的"这个"期望值"，但又不局限于"马"的实现方式，就有助于我们进一步打开思路。实际上，福特就是基于用户的"期望值"，用"汽车"而不是"马"来满足用户的需求，达到并超越用户的期望值，最终取得了产品的成功。

我们再来看福特听到用户回答需要"一匹更快的马"时，接下来是如何抽丝剥茧地挖掘用户需求的。

福特："你为什么需要一匹更快的马？"

用户："因为它可以跑得更快！"

福特："你为什么需要跑得更快？"

用户："因为这样的话，我就可以更早地到达目的地。"

福特："所以，你要一匹更快的马的真正用意是？"

用户："用更短的时间、更快地到达目的地！"

到此，福特对用户的真实需求有了深入的了解。接下来，福特不是跑到马场里去找"跑得快"的马，而是选择根据用户的期望值来制造汽车，从而满足用户的需求。由于精准地抓住了用户的需求，又通过流水线生产极大地降低了成本和价格，福特生产的汽车很快畅销起来，其中仅一款车就销售了1500万台，维持了连续45年汽车单品种第一名的世界纪录，福特本人也获得了很大的商业成功，他还被美国《福布斯》杂志评为有史以来最有影响力的20位企业家之一。

应该说，亨利·福特对用户需求分析的思路，是值得我们认真学习的。对此，当我们面临用户的需求时，不妨先考虑这样几个问题："用户的真正需求是什么？""用户的期望值是什么？""如何做才对用户最有价值，并让企业获利？""如何超越用户期望并引导需求，获取更高、更长久的商业利益？"

实际上，上述一系列问题是面临用户需求时的一种思考逻辑，任何成功的产品无不是经过缜密的逻辑验证才得以成功的。在这方面，亨利·福特为我们做出了榜样。

产品新人如何参加需求评审会

需求评审是产品正式开发之前一个非常重要的环节。一般情况下，在需求评审会议上，只有参会的所有人都认为已经没有什么可"挑剔"了，评审才能通过，因此，需求评审在某种程度上相当于"鸡蛋里挑骨头"。通过需求评审，产品研发团队主要是为了明确以下问题：

第一，需求究竟是什么，从哪里来，价值在哪里，对产品开发的要求是什么等。

第二，需求是一次性的，还是需要分期实现的，是解决一个问题，还是要解决多个问题，扩展性如何，通用性如何等。

第三，需求如何实现，开发方面存在哪些风险，哪里是难点，哪里是重点，有没有可以复用的部分，开发周期需要多长，优先级怎样等。

第四，需求实现之后，可以达到哪些效果，能够带来哪些商业价值等。

通常情况下，通过需求评审会议，有助于产品研发团队统一思想认识，从而使得大家向着一个产品目标共同努力。那么，对于产品新人来说，可能对需求评审会议相对比较陌生，在参加需求评审会议时需要注意哪些问题呢？我们接下来仍以软件开发项目为例，根据"评审前""评审中"和"评审后"的顺序介绍需求评审会议，使产品新人加深需求评审会议的了解。

1. 评审前

首先，产品经理要保证物料齐全，包括准备好PRD（Product Requirement Documentation，产品需求文档）、UE稿（User Experience，用户体验，即站在用户角度对产品的整体感受）、UI稿（User Interface，用户界面）等。其次，产品经理要提前进行小范围沟通，从而进一步发现问题。再次，在需求评审会议的前1～2天，产品经理可以把初步确认好的产品方案以邮件形式发给与会者，如果可以的话，请与会者提前将要反馈的问题予以标注和说明，以便于产品经理提前补充完善，也方便后续的需求评审得以高效完成。最后，产品经理可以提前一刻钟左右到达会议室，检查演示设备是否能够正常使用，避免细节方面出问题等。

2. 评审中

评审中，往往是需要产品经理在需求评审环节付出最多精力的。为此，产品经理要做到：

第一，正式进入产品需求方案评审之前，产品经理可以先说明本次评审的背景是什么，需要完成哪些事项，要达成的目的是什么，评审会议分几个环节，每个环节大概需要多长时间等，从而让与会者对评审会议有一定的心理预期。

第二，不要立即进入方案细节。产品经理切忌在产品方案演示时直接进入方案细节，这样的话，不利于与会者清楚地认识产品方案。为此，产品经理可以使用6W2H原则，从而有条理地介绍清楚产品方案。其中，6W分别指Wich（目标）、Who（谁）、Why（为什么）、What（什么）、Where（哪里）、When（时间期限），2H分别指How（完成工作所使用的方法和程序）、How much（数量）。另外，产品经理还可以遵循产品设计的五个层级（战略层，明确产品的商业目标和用户目标；范围层，构建使用场景；结构层，拆解使用场景；框架层，排列使用场景；表现层，UI视觉设计）分析法来加以介绍。

第三，掌控会议节奏。一般来说，人的有效集中精力的时间大概是45分钟，所以需求评审会议应该尽量控制在60分钟以内，如果产品经理发现超过60分钟仍未解决问题，可以不妨中途休息一下，或者组织二轮评审，避免在没有实质性结论的情况下继续"开会"。

第四，牢记需求评审的目的，有效地整合资源与解决问题，比如某个产品功能的实现成本，指定相关项目的负责人，工作周期安排等，产品经理要充分利用需求评审会议，从而高效率地协调资源。

总的来说，参加需求评审会议是一件很锻炼人的事情，能够有效地锻炼一个人的沟通能力、掌控能力、演讲能力、表达能力等，因此，产品新人要学会用做产品的思维去准备需求评审会，甚至不妨在会议之前先演练几遍。俗话说"熟能生巧"，当你重复几遍之后，你会发现自己的沟通能力有大幅度提升。

3. 评审后

有些产品新人会觉得需求评审会议后仿佛"没什么事儿"了，其实并非如此。产品新人可以根据会议上人们的发言，进一步完善产品方案，更新产品需求文档，对于会议中部署的工作安排，要进一步明确责任人等，从而确保产品研发工作的有序开展。

总之，对于刚进入产品经理职位的新人而言，需求评审会议有助于产品新人尽快地熟悉和掌握业务知识，以及与团队内的成员进行更好地沟通和交流，对此，产品新人要用心参加需求评审会议。

以用户为中心，你才不会走弯路

以用户为中心，懂得用户的需求，是产品经理职业生涯中极为重要的一步。只有这样，你才有可能在一开始的时候就把事情做对。我们知道，产品最终是为用户服务的，用户对产品满意，愿意持续使用我们的产品，从某种程度上来说，是对产品经理最大的褒奖，也反映出了产品经理工作的成败得失。因此，时刻谨记以用户为中心，可以有效避免产品经理在挖掘用户需求时走弯路。

这是由于，有些产品经理在分析用户需求时，会不自觉地将自己的主观色彩融入其中，甚至以自己的感受代替用户的感受，这都有可能使产品设计与研发的后续工作受到影响。所以，产品经理在挖掘用户需求时，务必以用户需求为中心，不要让用户去"适应"产品，而要考虑用户的使用习惯、预期的交互方式、视觉感受等方面，要让产品为用户服务。

基于此，产品经理要站在用户的角度看待产品，而不是站在开发者的角度上看待产品，要坚持"怎样改进用户体验"，而不是"采取哪些设计和开发技术才能更加自我感觉良好"。为此，我们在挖掘用户需求时，要考虑到产品能否在满足用户特定需求时具备有效性、效率以及用户主观满意度，由这些因素延伸开来，我们还要考虑产品使用中的易学程度、对用户的吸引程度、用户在使用产品前后时的整体心理感受等。

通常来说，我们在坚持"以用户为中心"进行需求分析时，还要注意以下几点：

第一，在实际中，一个产品的问世，可能源于多种情况，如用户需求、企业利益、市场需求，或者是技术发展所驱动等。但从本质上来说，这些不同的来源并不矛盾。这是因为，一个好的、可持续发展的产品，必然首先是用户需求和企业利益（或市场需求）的结合，其次则是低开发成本，而且这两者也都可能引发对技术发展的需求。

其中，我们越是在产品立项的早期能够充分了解目标用户群的需求，并且结合市场需求，就能越大程度降低产品的后期维护，甚至返工的成本，这需要我们从一开始进行需求分析时，就要以用户为中心。

第二，在互联网时代，新产品层出不穷，用户的可选择空间越来越大，于是，用户在选择产品时会越来越注重自己付出的时间成本、学习成本和情绪感受。对于用户的这些需求，我们要有足够的认识。

其中，我们这里所说的"时间成本"，是指用户操作某个产品时所需要花费的时间，可以说，用户使用产品主要是为了使用产品的功能，用户为了使用这些功能而花去的时间，对于用户来说相当于是"浪费时间"。比如说，当我们打开浏览器的一个页面时，页面跳转过程中占用了我们较多的时间，就意味着我们浏览页面的"时间成本"较高，在这种情况下，会有不少用户几乎没有心情去接着等待，而是选择了干脆关闭页面或关掉浏览器。这表明，我们站在用户的角度上，就要想办法减少用户的"时间成本"。

我们这里所说的"学习成本"，主要针对新用户而言，据调查，如果新用户第一次使用产品时，花费在学习和摸索如何使用方面的时间和精力过多，会直接降低用户对产品的满意度，甚至会让用户放弃继续使用。在这方面，乔布斯可谓给我们做出了榜样，他在研制苹果电脑、手机等系列产品时，无不努力降低用户的"学习成本"，确保让用户一上手就会，正是低门槛的学习成本，才使得苹果产品长期畅销。其实，除了苹果产品以外，其他很多优秀的、成功的产品几乎都有一个共性：努力降低用户的学习成本。

对于用户的"情绪感受"需求，主要是指产品给用户带来的一种愉悦的情绪感受，从而让用户愿意花费时间去持续地使用产品，在某些情况下，用户的情绪感受甚至会高于其他一切需求。比如，在某些产品中，用户的安全性感受最为强烈，在这种情况下，如果产品的操作步骤过于简化、时间过于短暂，可能会让用户担心产品的"安全性"，在这种情况下，我们细化产品的操作步骤，反而有助于让用户产生"该产品很安全、很谨慎"的感受。

最后，产品经理在挖掘和分析用户需求时，坚持"以用户为中心"，处处为用户着想、想用户之所想，能够有助于我们在后续的产品设计与研发环节制造出让用户真正满意的产品！

第三章

产品设计：提供解决方案

在了解与确认用户的有效需求后，产品经理就要通过产品设计方面的可行性分析，将用户需求转化为产品需求，从而为产品问世打好基础。通常，做产品设计，不能仅仅"头疼医头、脚疼医脚"似的解决表面化的问题，更要分析用户需求所蕴含的潜在意义，为用户提供一整套趋于完美的产品解决方案。只有这样，我们才能更好地把握产品设计的方向，以及更好地满足用户的需求。

迪特·拉姆斯的设计原则

德国著名工业设计大师迪特·拉姆斯认为，最好的设计是最少的设计。可以说，迪特·拉姆斯倡导的设计风格，在一定程度上引领了产品设计方向，对世界设计领域产生了深远的影响。此外，他的许多设计，诸如咖啡机、计算机、收音机、视听设备、家电产品与办公产品等，都成为世界各地博物馆的永久收藏，包括纽约的现代艺术博物馆。1968年，迪特·拉姆斯创办的博朗设计大赛，已经由当时的地区性奖项发展为了当今国际知名的设计大奖比赛。

实际上，迪特·拉姆斯的设计风格与理念，后来对苹果产品在设计方面产生了显著的影响，对此，迪特·拉姆斯曾表示，苹果公司在设计方面是遵循他提出的"好的设计"原则去设计产品的典范。

我们知道，产品经理在挖掘与分析用户需求后，就要根据用户需求、产品需求去设计产品，在这方面，迪特·拉姆斯提出的设计原则很值得我们学习和借鉴。因此，我们接下来看迪特·拉姆斯归纳出的"好的设计"应具备的十项原则：

1. 好的设计是创新的

任何优秀的设计，无不具有创新的特性。可以说，创新的可能性是永远存在，也不会消耗殆尽的。时代在发展与变化，尤其是科技日新月异的发展，会不断地为创新设计提供崭新的机会。同时，创新设计也总是伴随着科技的进步而向前发展，创新永远不会完结。

2. 好的设计是实用的

顾客产品买来是要使用的，这就需要我们在设计产品时，确保让产品实用，起码要满足某些基本标准。通常来说，优秀的设计甚至要体现在用户的购买心理和对产品的审美上，从而在强调产品实用性的同时，还不忽略其他方面，否则，产品可能就会大打折扣。

3. 好的设计是唯美的

优秀的设计一定是美的。可以说，产品的美感是实用性不可或缺的一部分，产品在设计上有美感，才能使用户使得顺手的同时，还能改善用户的心情。实际上，只有精湛的东西才可能是美的，所以这就要求我们必须把产品做精、做好。

4. 好的设计是让产品易于理解的

优秀的设计会使产品更容易被读懂，使产品的结构清晰明了，甚至可以让产品自己"说话"，从而便于用户理解和掌握。

5. 好的设计是谦虚的

优秀的设计是内敛低调的，同时，产品要像工具一样能够达成某种目的，应该在个性表现上给用户留有一定空间。

6. 好的设计是诚实的

优秀的设计是诚实的，既不要夸张产品本身的创意，以及功能的强大和其价值，也不要试图用实现不了的承诺去欺骗消费者。唯有诚，才能致远。

7. 好的设计坚固耐用

优秀的设计是经得起岁月的考验的，它使产品避免成为短暂时尚，并且使产品看上去永远都不会过时。优秀的设计与时尚设计不同的是，它会被人们接受并使用很多年，具有某种程度的不可替代性。

8. 好的设计是细致的

优秀的设计是考虑周到，并且不放过每个细节的。我们在产品设计中，任何细节都不能敷衍了事或者怀有侥幸心理。可以说，在设计过程中的悉心和精确是对消费者的一种尊敬。

9. 好的设计是环保的

优秀的设计是关怀环境的，能够对保护环境起到极大的贡献，包括让产品在整个生命周期内减少对资源的浪费，降低对自然的破坏并且不要产生视觉污染。

10. 好的设计是极简的

迪特·拉姆斯将自己的设计理念归结为："少，却更好。"在产品设计中，一定要浓缩产品所必需的一切因素，同时要剔除任何不必要的东西，坚持"大道至简，平淡为归"。

此外，迪特·拉姆斯将上述设计原则广泛地运用于设计实践中，从而使得产品在空间方面有条不紊，又显得严格单纯，已经成为德国的重要设计特征之一。在实践中，迪特·拉姆斯的设计理念所营造出的完全没有装饰的形式特征，又被称为"简约风格"，它在色彩上主张采取"黑、白、灰"的中性色彩，从而显得简洁大方而流畅。

实际上，在我们的生活中，迪特·拉姆斯营造出的这种简约风格，已经为很多种产品所借鉴和参考，比如，我们平时看到的苹果手机、小米手机，以及百度主页面等，外观设计上明显受到迪特·拉姆斯设计风格的影响，具备高度简洁却又功能齐全而实用等特征。因此，学习与参考迪特·拉姆斯的设计理念对我们设计产品是有所裨益的。

乔布斯和苹果的产品设计

在世界产品发展史中，能够像苹果公司的iPhone手机那样引起全球范围的用户连夜排队抢购的盛况可谓不多。在这方面，或许正如舆论所说，存在"体验营销""饥饿营销"等营销成功的因素，但同时，毋庸置疑，苹果公司的产品品质也是赢得众多用户认可的。在一件产品问世的过程中，产品设计是一个非常重要的因素，某种程度上来说堪称产品本身成功的前提。难以想象，在一个糟糕的设计范畴内，如何生产出卓越的产品。

对于产品设计的重要程度，乔布斯是有深刻认识的。比如说，乔布斯"主政"时期的苹果公司，采用的就是以设计为主导的产品管理架构。不仅如此，乔布斯还亲自参与到苹果产品的设计之中，对苹果产品的设计工作倾注了大量的心血。从某种程度上来说，苹果公司的成功与产品设计上的成功是分不开的。

实际上，由于苹果公司设计与生产的一系列产品，如iPod多媒体播放器、iPad平板电脑、iPhone手机等，不仅给我们的生活带来了很大的便利，在很大程度上改变了我们对于产品的审美概念，也对现代工业设计产生了深远的影响。因此，我们谈到产品设计的话题时，苹果公司的设计可谓难以绕开。

在苹果公司发展早期，其设计部门是1977年成立的"苹果工业设计组"。当时，乔布斯请工业设计师杰利·马诺克设计苹果II电脑，并开始组建苹果公司的内部设计人才。乔布斯本人对于产品设计的挑剔几乎达到"吹毛求疵"的地步，幸运的是，乔布斯和马诺克在设计上的意见很一致，从一开始就形成了苹果电脑的简约主义、极限主义的设计原则，使得产品呈现色彩简单、造型简洁的特征。这种产品设计特征在苹果公司流行了十年左右，后来有所改变。

从20世纪80年代起，为了引进设计人才，苹果公司开始举办设计竞赛，吸引了好多设计师参加，胜出者逐步被聘用到苹果公司的设计部里来。在参赛者中，乔布斯结识了青蛙设计公司创始人、著名的设计师哈特穆特·艾斯林格，在1986年，乔布斯和艾斯林格合作，把苹果电脑的一个产品项的外观改成浅银灰色，叫作"铂"色，这个色彩在苹果电脑上使用的时间很长，一直在乔布斯从苹果出走、再度回到苹果公司"执政"后的1998年，由于乔布斯启用了新的设计人才，通过iMac颠覆这个色系为止。可以说，从1986年到1998年，由于这个时期的苹果设计主要采用青蛙设计公司创始人哈特穆特·艾斯林格的设计风格，因此苹果公司这个时期的设计又称为"青蛙设计"时期。

1997年，乔布斯重新回到苹果公司后，他对于产品概念、设计概念有了比之前更加崭新的领悟。其中，乔布斯从当时苹果设计部内提升了尚没什么名气的、英国年轻工业设计师乔纳森·艾佛，并委其以重任，直接让乔纳森·艾佛负责苹果设计部，让他从事新一代的苹果电脑设计，并提出新的技术突破性的概念，要求产品设计上走出惰性、惯性的轨道。这是乔布斯领导苹果公司在设计上的一个急剧的转折点。此后，乔纳森·艾佛不负重托，将苹果产品在设计方面推向了一个新的高度，包括由乔布斯提出产品概念，由乔纳森·艾佛来设计的iPod、iPhone和iPad都堪称最具有国际影响力的作品，同时，由乔纳森·艾佛早年设计的蓝色半透明iMac则更成为举世皆知的经典作品。

总的来说，在乔布斯的指导下，乔纳森·艾佛在产品设计上确立了非常清晰的苹果设计方向，分别是：

第一，半透明风格。该设计方法最早形成于1998年推出的iMac的设计，电脑采用鲜艳的蓝色半透明塑料制作，很有视觉震撼力。这个设计方法很快得到全世界的认同，并形成一种设计潮流。

第二，与众不同的色彩。可以说，色彩在乔布斯与乔纳森·艾佛的设计中具有很重要的地位，他们几乎每年都在改变色彩计划，包括先后推出的五款糖果色，即"蓝莓"（艳蓝色）、"葡萄"（紫色）、"橘色"（橙色）、"柠檬"（艳绿色）、"草莓"（粉红色）等色彩。

第三，极限主义。在设计上，"极限主义"最早是由德国设计师迪特·拉姆斯提出来的，旨在消除设计上的混乱，采用极限主义和系统设计的方式进行产品设计。可以说，极限主义的特征在苹果产品上有着清晰的痕迹，比如苹果产品从原先柔软、滑润的造型被后来直角、流线型、极简的风格取代等。

总的来说，在乔布斯的设计理念中，将产品设计不再用功能分类，而是按照人的方便性为准来设计，从而出现了越来越具有综合性、多元功能的新产品，如通信功能（电话、短信）、网络资讯功能、娱乐功能，甚至跨界到电视、多媒体、摄影、录影、编辑等领域，这堪称当代产品设计的一个史无前例的重大飞跃。可以说，乔布斯在苹果产品中的设计理念，值得我们学习和参考。

新手如何做产品设计

我国五代后梁时期的画虎名家厉归真从小就喜欢画画，尤其喜欢画虎；然而，由于他从来没有见过真的老虎，总把老虎画得像牛，不免遭到别人的嘲笑。于是，他决心进入深山老林，探访真的老虎，要看看老虎究竟长的"什么样子"。厉归真带着干粮、画具，来到老虎经常出没的深山老林，在一棵大树上搭了一个草棚，在上面住了下来。当时，莽莽林海，幽幽深山，远离人烟，厉归真生活的环境非常冷僻、荒凉。在经历了千辛万苦，以及在猎户朋友的帮助下，厉归真终于见到了真的老虎。于是，通过大量的写生临摹，他的画虎技法突飞猛进，笔下的老虎也栩栩如生，几可乱真。此后，厉归真又用大半生的时间游历了许多名山大川，见识了更多的飞禽猛兽，终于成为一代绘画大师。

实际上，任何在某方面取得成就的人都不是天生的，无不像厉归真那样通过后天努力才取得的。对于产品新人来说，或许欠缺真实项目的洗礼，对于产品设计还处于一知半解，甚至全然不解的程度。对此，产品新人只要从理论和实践两个方面双管齐下，就一定能够在产品设计方面有所造诣。

其实，在产品设计方面，无论是新人，还是老人，都要勤于思考，不能故步自封。这是因为，随着时代发展，产品设计也是处于一定的发展之中，就如我们前面提及的乔布斯关于苹果产品的设计理念，也是有一个演进的过程。所以，如何不断地改进设计，让自己满意，让老板欣赏，让用户喜欢，作为一个产品新人，或许相对欠缺些经验，因而要付出更多的努力。

一般来说，我们在进行产品设计时，让用户迅速地认知与接受产品是非常重要的。现在不同领域的产品种类都很丰富，如何让自己设计的产品"鹤立鸡群"，起码具备差异化特征，在产品设计中是很重要的。当然，产品设计需要付出足够的时间予以磨砺，对于产品新人来说，首先需要懂得，用户对产品的"认知"，主要包括三个层次，即视觉上的美观、功能上的易用、情感上的依赖，也就是说，视觉设计让用户感到留恋，功能交互让用户感到轻松，并且为用户提供人性化的友好交流。

我们仍以互联网产品经理为例，对产品设计中的视觉设计、功能交互设计与情感设计进行阐述，从而供产品新人参考。

1. 视觉设计

所谓视觉设计，主要是针对眼睛官能的表现手段和结果。一般来说，在一个公司中，每个人都会有自己的审美观，作为产品经理，我们该如何对产品设计进行评判呢？应该说，产品经理要能够听得进去不同的意见，从而更好地帮助自己进行分析，以及整理出最佳方案。

另外，我们需要对产品的目标群体进行定位，选择适当的色彩，这是因为，颜色的友好性能够在很大程度上直接体现出产品的整体设计方案，比如针对女性的购物网站，大多数会采用粉色等。

再者，当一款APP产品的功能很多时，产品经理应该如何安排不同功能在页面上的展示，让用户感到视觉"清爽"，而不是一片"臃肿"或杂乱的感觉呢？这就需要对产品功能分清主次，将突出产品核心价值的功能点进行优先展示，因为这是产品的核心价值所在，也是最能吸引用户的地方。同时，功能务必要有聚集性、补充性，要围绕核心功能，对相似功能进行合并，避免让产品功能显得冗余，要凸显产品的人性化，让用户感到实用、方便操作、容易上手。

2. 功能交互设计

一般来说，良好的交互设计，有利于用户轻松地上手使用，使得用户操作便利，从而增强用户对产品的黏性。那么，我们应该怎样才能做好交互设计，交互设计的核心又是什么呢？我们可以从以下三个方面来理解。

一是要坚持简单而实用。简单是指用户付出的学习成本小，实用则是核心功能突出，能够切实解决用户的相应需求。

二是快捷与成本。产品要能快速帮助用户找到所需才是关键，让用户用最短的时间找到自己最想要的功能，帮助用户节省不必要的时间；同时，我们在考虑"以用户为中心"的同时，还要考虑团队的研发成本，力争做到两者的平衡。

三是深刻理解使用场景。对于桌面网页来说，大多采用鼠标配合键盘进行操作，APP则是采用手势和模拟键盘进行操作，两者具备不同的使用场景。相对而言，桌面网页侧重于在意用户需求，与用户的交互设计往往处于辅助作用；APP则更多是动员用户参与，其侧重点在于同用户的交互等。对于这些不同的使用场景，产品经理要有所了解。

3. 情感设计

所谓情感设计，是指以人与产品的情感交流为目的进行相应设计。作为产品经理，我们常会模拟各种各样的用户场景，并在这些模拟的用户场景中记录用户的体验与感受。比如说，有些APP的天气功能中加入了一系列健康指数，从而指导用户穿衣、外出等，让用户感觉受到"关怀"，这便是一种情感设计的体现。

　　最后，作为产品新人，我们在进行产品设计时或许还缺乏一定的经验，但是这些经验都是可以通过实践予以弥补的；同时，我们还可以通过采取适当的工作方法增强自己产品设计的能力，比如在做产品设计的时候抽象与构建出产品原型，从而加深我们对产品设计的认识。

APP产品的几种原型设计工具

　　近些年来，随着APP产品的大行其道，尤其是大量风险投资对一系列APP产品的支持，使得APP开发比较热门。正是在这种背景下，我们通过对国内几个大的招聘网站（如智联招聘、中华英才网、前程无忧网等）上的招聘职位进行调查，发现在APP开发领域对产品经理有比较旺盛的需求量。

　　正如我们前面所述，在产品经理的工作中，产品原型设计是一个重要的环节。同时，随着工作效率的日益重要，以及大量软件辅助工具的涌现，使得产品经理在进行原型设计时，有足够的原型设计工具可以选择与使用。基于此，有志于从事产品经理的朋友不能不对一些常见的原型设计工具有所了解。

　　一般来说，一款优秀的移动APP产品原型设计工具应该具备这样几个特点：能够支持移动端演示；有比较丰富的、能够高效复用的组件库（如按钮、文本框等）；可以快速生成整体业务流程，便于此后的开发环节的工作人员看懂；能够在线协作，可以便于多位工作人员在各自的电脑等工作终端上协同操作；尽可能具备一定的交互特效，以便于丰富产品原型的效果等。

　　接着，我们对当前比较常见的八种原型设计工具进行一一介绍，读者朋友可以根据实际需要予以选择使用。此外，有需要下载的朋友，可以在一些搜索引擎（如百度）中进行搜索和下载；有些原型设计工具在正式使用时可能需要交费，请读者朋友在下载使用时根据需要来定。

1．Axure RP

Axure RP是美国Axure Software Solution公司的旗舰产品，它是一个专业的快速原型设计工具；其中，RP是Rapid Prototyping（快速原型）的缩写。Axure RP能快速、高效地创建原型，同时支持多人协作设计和版本控制管理。

目前，Axure RP被很多公司采用，除了作为产品经理的一款常用的原型设计工具，IT咨询师、用户体验设计师、交互设计师、界面设计师，甚至架构师、程序开发工程师等也常会使用Axure RP设计原型。因此，建议有志于产品经理职业的朋友多加熟悉和了解Axure RP。

2．Vxplo

Vxplo历时六年开发完成，全称为Video Explorer。它不仅是一款出色的原型设计工具，还是一个新媒体和新想法的在线设计和展示平台。目前，Vxplo分为免费版和收费版，而且用户需要注册才能使用。

3．MockFlow

MockFlow是一款类似于Axure RP的产品原型制作工具，与之不同的是，MockFlow是完全基于Web浏览器的一款原型设计工具，MockFlow内置了许多常用的控件，如按钮、文本框、下拉式菜单，进度条等。MockFlow有一个颇具特色的功能，那就是可以在任意电脑上联机打开，同时可以与别人进行快速地分享，收集在线的反馈意见，因此比较适合虚拟团队在原型设计时的交流。

4. OmniGraffle

OmniGraffle可以用来绘制图表、流程图、组织结构图以及插图，也可以用来组织头脑中思考的信息。目前，它只能运行在苹果公司的若干操作系统平台上。OmniGraffle曾获得2002年度的苹果设计奖。

5. Justinmind

Justinmind是由西班牙Justinmind公司出品的原型制作工具，可以输出Html页面。在使用中，Justinmind的可视化工作环境可以让用户轻松快捷地以鼠标的方式创建带有注释的高保真原型，比如，它可以帮助我们设计出更丰富、更具交互性的移动APP产品线框图，还包含了iPhone、Android以及iPad常用手势、滑动、缩放、旋转，甚至捕捉设备方向等特效，从而创造出更具交互性的原型。另外，Justinmind还可以导出原型信息到Microsoft Word，生成比较规范的文档。

6. Balsamiq Mockups

Balsamiq Mockups是美国加利福尼亚州的Balsamiq工作室推出的原型绘制软件，于2008年6月发行了第一个版本。它的使命是帮助人们更好、更容易地设计软件产品。

7. Fluid UI

Fluid UI是一款用于移动APP开发的Web原型设计工具，可以帮助设计师高效地完成产品原型设计。它无设备限制，无平台限制（Windows、Mac以及Linux系统均可），支持多种浏览器；我们还可以使用Fluid Player来预览设计效果，收集意见和反馈，并且还能够以PNG、PDF格式输出文档。

8. POP

POP的全称为Prototyping on Paper，该款原型设计工具的一大特色是，只要你用手机拍下自己在纸上手绘的草稿，POP就能设计好流程，从而立即变成可以互动的原型，具有显著的智能化特点。

其实，除了上述八种原型设计工具，我们在工作和学习中还会遇到其他原型设计工具，读者朋友可以从中选择适合自己使用习惯与工作需要的设计工具来使用。

如何让用户迅速记住产品

我们不妨先做一个调查，请问你随口能够说出几款产品？或者进一步来讲，你能够分门别类地说出哪些产品？在你说出这些产品后，请你按照对这些产品的分类，再找出这些产品的竞品。你会发现，除了有些产品被你熟知外，竟然还会有很多产品被你"熟视无睹"，未能被我们记住。实际上，随着现在市场经济的活跃，各个领域的产品层出不穷，那么，如何让你的产品给用户留下深刻的印象，让用户记住，可谓是产品经理需要重点考虑的一个问题。

一般来说，一款产品唯有能够被人们记住，尤其是令用户记住其卖点，那么才能增加该产品被用户消费的机会。对此，我们在产品设计环节，一定要突出产品的卖点及差异化优势，给用户留下深刻的印象。

据统计，对于一个现代人来说，在一天的经历中，会看到约600个产品广告，这还不包括微信、短信、邮件、电话等工具发来的信息。可以说，一个现代人的大脑在一天里接触到的信息是满满的。大量的产品广告，从侧面上反映了市场上产品数量的众多及竞争的激烈。对于产品经理来说，如何让我们设计的产品深深地印入用户的脑海，对于产品的成功与否是有重要作用的。

为此，我们在进行产品设计时，在用户的使用场景中加入"痛点"的信息，从而使得用户一旦处于这种"痛点"的场景中，就会使产品信息出现在用户脑海中。通常情况下，"痛点"场景出现的频率越高、范围越广泛，用户回忆到产品的概率就越高，这样的话，产品信息就可以通过场景回忆而出现。据调查，这种场景式的记忆，与传统的硬性广告宣传相比，效率要提高3～10倍，能够更利于让用户记住产品。

举例来说，每当用户使用手机发现手机电池亏电，甚至行将因电量不足而关机时，就会容易想起"充电5分钟通话2小时"的产品；每当用户乘坐公交或地铁时，看到旁边的人满头头屑，就会容易想起"持久去屑100%信心"的产品；每当用户在过节时为送什么样的礼品而踌躇时，就会容易想起"今年过节不收礼，收礼只收脑白金"。诚然，我们在设计产品时，考虑到这些使用场景中的"痛点"，对产品设计做好突出优势的定位，就能够有利于用户加深对产品的认识。

通常而言，我们在产品设计中，对产品自身优势进行定位时，有四个原则可予参考：

第一，选准潜在顾客群体。在当前市场细分日益深入的情况下，我们进行产品设计时，对用户群体的定位要具体而精准，只有这样，我们的产品才可能被有相应特定需求的用户所记住。

第二，产品定位要相对单纯。一个成功的产品，在第一次被用户接触到时，通常是因为其中的某一个"闪光点"给用户留下了深刻的印象，这个"闪光点"就是用一句话就能把产品说清楚的关键点。比如，微信刚推出时，定位就是"手机上的社交APP"，正是因为用一句话就能说明白，才能更便于用户理解和记忆。

第三，产品定位要与竞争对手有所区别。如今的市场，存在比较严重的"跟风"问题，如果哪款产品畅销，很快会引来竞争对手的"模仿"，为此，我们在产品设计时要加入差异化因素。比如说，苹果手机在产品设计中，不仅产品外观与众不同，甚至采用自己独立开发的iOS操作系统，令其他竞争对手难以模仿；小米手机则在Android系统基础上开发了MIUI系统，同样具有难以模仿的差异性等。

第四，产品功能上要有所牺牲。任何产品在满足用户需求方面都是有限的，为此，我们要突出和强化产品的基础与特色功能，切忌面面俱到。比如，我们平时见到"永和豆浆"的店面，我们会知道店里应该是卖豆浆的，当我们走进店里后，会发现除了豆浆还有其他饮食产品；同样，我们平时见到"美国加州牛肉面"，在走进店面后会发现除了牛肉面，也还有其他饭菜等。因此，我们在产品优势定位时，不要一股脑儿把自己能提供的功能全部展示出来，要先展示其中一个独特的功能讯息，然后在吸引了用户的关注后，再陆续展示其他的功能。对此，有句话说得好："你要想扩大你的影响力，你必须先缩小你的定位。"的确，你的定位越窄，越是把精力放在一个特殊的点上，别人越容易根据你的特殊点找到你。

总之，我们要设计出能够让用户迅速记住的产品，离不开确定与做好产品的"闪光点"。这就如同光晕效应，用户只要看到了产品的一个闪光点，自然会逐渐关注到闪光点周围的"光晕"，进而对产品有比较全面的了解和认知。

怎样制造"欲望",让用户"上瘾"

当前,随着"体验经济时代"的来临,"情感化"也已成为互联网产品的主要设计趋势之一。我们从心理学角度进行分析,情感是人格的核心,产品真正的价值在于满足人们的情感需求,带给人们内心愉悦的审美体验。为此,我们在进行产品设计时,要逐渐从"功能控"的思维中走出来,将注意力转移到用户的情感化需求上来,将情感化设计融入产品之中,达到美感和可用性的统一,这将有利于激发起用户使用产品的"欲望"。

通常情况下,情感化设计的核心主要在于引发用户认知愉悦,从而为用户带来积极的情绪体验。能够引发用户愉悦的元素主要如下:

1. 可控感

人们对外部世界的控制感能够带来积极的情绪体验,也会更愿意接受挑战和尝试新鲜事物。据调查显示,对于一款APP来说,在界面无提示的情况下,80%的用户等待超过两秒后会立即关闭窗口,但如果界面有等待提示一类的文字(如"拼命加载中,请稍候"等),则会极大地降低用户离开的概率。可见,等待提示增加用户对当前界面状态的可控感,从而减弱了用户对等待时间的感知,增加了用户留存的可能性。

在实践中,我们进行UI设计时,通常会设计进度条、及时的错误提示和等待提醒等，让用户明确感知当前的界面状态，产生可控感，形成操作预期，减少迷茫和等待，引导用户继续操作。

2. 社会互动

在生活中，人们通过社会互动可以满足个体的归属感、尊重感以及自我实现感。因此，在产品的交互设计中，我们运用社会互动因素，可以极大地提升用户界面的参与感和趣味性。一般来说，引发用户参与互动的形式主要有参与和共鸣，比如，让用户积极参与到当前界面的内容，完成操作；让用户看到界面就能产生强烈的认同感和情绪体验，用户与界面产生情感互动，引导用户积极操作等。我们以百度在2012年圣诞节时的首页为例：

图3.1　百度圣诞节首页

其实，百度首页会经常根据一些热门事件或者节日进行更新，采用涂鸦、动画、图片等形式，从而受到用户的欢迎。这种方式迎合用户的“热闹”心态，还能让用户更深层次地认同产品品牌和文化，引起了用户的积极互动。

3. 可用性

产品可用性旨在设计让用户"好用、易用"的产品。比如，可用性强的界面不仅方便用户操作，带给用户积极的情感体验，从而为企业带来不可估量的商业价值。在实际中，我们有时会听到诸如"这个信息提示我没看见""我不知道可以这样操作""到底要点几次，好麻烦"等，这往往是在产品可用性方面出了问题，这种情况下，甚至会造成用户弃用，更别提让用户"上瘾"了。所以，我们要在产品设计中重视产品的可用性。

4. 社会参照

在当前信息时代，我们会经常面对各种复杂或者矛盾的信息，大多数人都希望付出较少的认知资源来获取最大的回报。于是，人们通过参考他人的信息，以获取有效的信息资源，即便出现错误，但是由于他人也一样，便在一定程度上缓冲了错误信息带来的伤害。

在社会参照中，人们往往采用"品牌关联"和"参照他人记录"的方式。比如，我们在设计产品时，将其他品牌的概念移植到本产品中，会使得用户在决策时，不自觉地参考对其他品牌的感受和评价。举例来说，现在不少电脑和手机在产品设计中采用了诸如英特尔、高通、华为等品牌的CPU芯片，这样的话，用户会把对这些品牌的情感认知在一定程度上移植到那些电脑和手机产品上；还有些电商平台网站会在产品设计中呈现实时滚动购买记录或数量，当其他用户看到别人的购买记录时，会在心理上产生较强的从众压力等。

总的来说，通过掌握一定的设计心理学，有助于我们根据用户的情感认知来改进产品设计，从而激发出用户使用产品的"欲望"，并获得用户持续的好感。

微博在设计上为什么限制140字

作为自媒体的一个重要平台，微博让人并不陌生。顾名思义，微博即微型博客（Micro Blog）的简称，常被作为博客的一种，是一种通过关注机制分享简短实时信息的广播式的社交网络平台；同时，作为一种分享和交流平台，微博比较注重时效性和随意性。一般来说，微博与常规博客的一个显著区别是，在微博上发布信息，字数比较简短，以140字（包括标点符号）为限。那么，微博在设计上为什么要以140字为限呢？这要从微博的产生说起。

最早的微博是美国的Twitter（中文译为"推特"），在2006年推出。当时，Twitter限制发文字数为不超过140字。那么，Twitter为何限制发文字数为140字呢？这又要从手机短信说起。

手机短信诞生于1992年，又称为SMS（Short Message Service，短信息服务），是用户通过手机或其他电信终端直接发送或接收的文字或数字信息。其中，由于短信支持的信息容量小，因此用户每次能接收和发送短信的字符数是160个英文或数字字符，或者70个中文字符。短信支持的英文或数字字符数量，与中文字符数量不同，一个重要的原因是，两者在编码方式方面存在不同，我们这里不做过多阐述，感兴趣的朋友可以参考相关技术资料。

Twitter在研发时重点参考了短信技术，并且做出了一定修改，即将发布信息的字数限制为140个英文或数字字符，至于剩下的20个字符则用来显示用户的地址信息。Twitter考虑到社交平台的分享属性，采用140个字符的信息，有助于用户通过简洁的内容表达看法或分享状态，于是最终确定限制发文字数为140个字符。这便是Twitter发文字数限制为140个的由来。

此后，在Twitter的影响下，我国也竞相出现微博类的产品，如新浪微博、腾讯微博、网易微博、搜狐微博等，其中尤以我国老牌门户网站新浪在2009年推出的新浪微博著名。由于后来的微博大多参考了Twitter的产品设计，因此，我国一些微博产品也就随之将发文字数限制在140字。与推特不同的是，我国的微博大多根据汉字特点，规定将输入的汉字字数限定为140个。我们以新浪微博发布信息时的页面为例：

图3.2　限制140字的微博

从上图可知，用户可以在微博上发布"表情""图片""视频"等内容，但是发布文字的话，需限制在140字以内。此外，为了增强用户发布信息时的灵活性，在上图的下部有一个功能"长微博"，用户若选择"长微博"，则发布信息的页面与常规博客相似，而且不限制字数。其实，我们从技术层面来看微博，是完全可以突破字数限制的，而且有些微博已经在尝试中，比如，新浪微博在2016年1月尝试规定发布文字时超过140字、小于2000字，然而，作为"微博鼻祖"的Twitter却仍坚持单条消息140个字符的限制。当然，不同的产品设计理念，究竟孰对孰错、孰优孰劣，我们在此不做评论，留待市场去做评价。在这里，我们主要分析微博从产生开始到现在仍有很多微博平台继续坚持发文140字的限制的原因。

实际上，微博产品在设计上是基于社交和时效性的定位，通过限制发文字数为140字，使得微博具有以下典型的特性：

第一，便捷性。

在微博提供的社交平台上，我们既可以作为观众浏览感兴趣的信息，也可以作为发布者来发布内容供别人浏览。在此基础上，微博的一个显著特点是发布信息快速，信息传播的速度快，并且规定发布信息不得超过140字，从而缩短了人们编辑信息的时间。

另外，由于编辑的字数少，就使得用户的使用门槛很低，便于在用户中进行普及。因此，对于一些突发事件或者引起全球关注的大事，用户在微博上发表出来，其实时性、现场感以及快捷性的优势会发挥得淋漓尽致。

第二，草根性。

由于微博对文字编辑能力的要求门槛较低，这使得众多"草根"人士能够轻易地学会使用，使得微博具备了显著的"草根"色彩，从而极大地增加了微博的用户数量。同时，用户数量的增加又进一步增强了微博的影响力。

第三，原创性。

由于140个字的字数较少，编辑比较简单，使得大量原创内容爆发性地被生产出来。很多普通人也都可以在微博上简单地阐述自己的思想，建立起自己的网上形象，这甚至揭开了个人互联网时代到来的序幕，使得人们可以在微博上找到展示自己的舞台。

最后，尽管在微信出现与风靡后，微博在近几年的表现上出现用户活跃度受到一定的影响，但是，由于微博和微信各自定位不同，微博侧重于自媒体，强调一种"弱联系"的社会关系，微信则侧重于即时社交工具，强调一种"强联系"的社会关系，这使得两者可以在一定程度上互相补充。另外，任何事物都是不断发展变化的，微博同样如此，我们知道微博在字数上的限制曾使其明显地不同于常规博客，在未来，微博字数的限制，以及产品的演进方向如何，我们相信市场会给出理性的建议。

用户心声：Don't make me think（别让我思考）

　　腾讯老总马化腾曾经给很多人推荐过一本书《Don't make me think》，书名意思为"别让我思考"，我们引申到产品设计中，也就是时下一种重要的产品设计风格，即"所见即所得"，不必用户过多地思考和判断。

　　接下来，我们继续以互联网产品为例。在网页设计中，"别让我思考"堪称一个极其重要的原则。为此，我们要努力做到让网页不言而喻、一目了然、具备自我解释的能力。可以说，一个好的产品设计，应该能让用户立即上手使用，无须花费时间与精力去多加思考。

　　这就需要网页上的内容一定要避免迫使用户停下来思考，否则，一个个的微小疑问会打断用户的访问热情，甚至让用户失去访问的耐心。我们不妨再看下苹果公司的iPhone手机为什么会取得市场成功，其中一个重要的原因是iPhone手机简单易用，即便是三岁的小孩也能很容易地上手使用；再者，iPhone手机采用触摸屏，就是小孩子也不用学就能根据图标的指引自然地用手指操作即可，堪称"所见即所得"的典范。

　　另外，微信在很多方面就采用了"别让用户去思考"的理念。比如说，微信的"摇一摇"功能，它所表达出的"抓握""摇晃"，可谓是人类在远古时代就形成的本能。当时在产品设计中，张小东对"摇一摇"是这样设计的：动作方面，需要手持手机进行摇动；视觉方面，手机屏幕随之裂开并合上，以响应动作；在听觉方面，采用有吸引力的声音来响应动作；"摇一摇"的结果是，从屏幕中央滑下一张名片，给人以惊喜。在"摇一摇"界面中，用户只要按照图示去"摇一摇"即可，显得自然而简洁。微信"摇一摇"界面如下图所示：

图3.3　微信"摇一摇"界面

微信"摇一摇"功能上线后，很快就达到每天一亿次以上的"摇一摇"使用次数。其实，微信"摇一摇"的成功，还带给我们一个启示，那就是：一种通过肢体而非鼠标（甚至触屏）来完成的交互，某种程度上代表了未来移动设备的交互设计方向。

接下来，我们再以网站设计为例，看一下如何做到"别让用户思考"：

第一，在每个页面上清楚地建立视觉层次。

一般来说，网页中越是重要的地方越应突出，对于重要的标题，要将字体加大加粗，在字体颜色上也要有区别，必要时可以让重要部分的标题接近页面顶部，从而在直观上引起人们的注意；对于逻辑上有相关或嵌套的部分，在视觉上也要相关或嵌套，例如，一个大类下有若干小的分类，在视觉呈现上就要体现出这种层次性。

第二，尊重人们的浏览和使用习惯，并据此进行设计。

根据人们访问网站时的浏览习惯，网站导航部分通常放在顶部，这样的话，能够使人们一目了然地看到网站的布局，从而根据个人需要选择点击与浏览相应的部分。在实际中，很多成功的网站都遵循了这一个设计特点，在此不再赘述。

第三，将页面区域进行明确的划分。

通常情况下，一个网站里的信息会非常多，用户一般不会逐字逐句地阅读，而是大致"扫描"下内容后，选择自己感兴趣的部分来阅读。因此，在页面设计上，要分区明显，而且每个区域都要有明确的定义，避免让用户产生混淆。

第四，明显标识出可以点击的地方。

一般来说，页面上可以点击产生链接的文字，其颜色会与周边文字有所不同，而且还会有下划线；对于一些可以点击产生链接的图片，鼠标悬浮到图片上后，鼠标的形状会发生变化，从而给用户以提示。这样的话，可以避免用户在浏览过程中产生困惑，减轻用户的浏览压力，增强用户对网站的好感。

第五，最大限度地降低页面干扰。

有些网站为了突出页面上的诸多内容，会在视觉上做出强调的效果，这样的话，容易在用户浏览中形成干扰。对此，我们一定要严格控制强调的内容数量，力争让页面内容更加简练，就像"绘画时不应该有多余的线条，机器上不应该有多余的零件"那样，确保网页的内容充实与精简的高度统一。

另外，在一个网站中，"主页"相当于网站的门户，在具体设计时通常需考虑到这些因素：标识站点、表明站点层次、搜索、导读、最近更新、友情链接、快捷方式、注册等。这样的话，用户在浏览网页时，可以灵活自如地跳转回主页，可以有效而简易地自我控制浏览行为。

最后，用户需要的产品，关键在于能否满足自己的特定需求以及给自己带来的使用过程中的愉悦感，在很多时候，用户不会对隐含在产品之中的复杂"原理"感兴趣。基于此，我们在产品设计中，无论需要多么复杂的逻辑思维，在呈现给用户时都要力争简洁，减轻用户不必要的使用压力。

第四章

团队：产品经理成功的前提

　　任何产品从策划酝酿到立项，再到设计研发、发布、运营等环节，通常需要多个部门的高度协同，从而确保大家朝着一个共同的目标前进，心往一处想，劲往一处使，最终促使产品解决方案设计成功。可见，在工作中，产品经理可谓时时需要团队的支持。因此，团队协调能力是产品经理必备的一项职业能力。

产品经理的"穿针引线"功夫

我们先来看一个这样的故事：

在美国的一个农村，住着一位老头。老头有三个儿子，大儿子和二儿子在城里工作，小儿子和老头在农村相依为命。小儿子人长得特别帅，也很聪明，文化修养也好。于是，很多人前来求亲，都被老头婉言谢绝。

有一天，从城里来了一位商人，找到老头后，他对老头说："我想把你的小儿子带到城里去过幸福的生活，你同意吗？"

老头听后非常生气，说："你给我滚出去！我现在就这么一个宝贝儿子在身边，你还要把他带走，我说什么也不会同意的！"

这位商人听了老头的话后并不生气，接着说："我给你这个儿子在城里找一份工作，你看怎么样？"

老头说："那也不行。"

商人又说："那我给你儿子在城里找一个对象，你看如何？"老头还是摇头。

然后，商人说："如果我给你儿子找的对象是洛克菲勒的女儿，你同意吗？"

老头心想："洛克菲勒是世界首富、石油大王，让我儿子做他的女婿，这还不划算？"于是点点头，同意了。

最后，商人向老头提出要求："如果你的儿子做了洛克菲勒的女婿，你必须付给我十万美元的介绍费。"

老头又想了想，十万美元买一个洛克菲勒的女婿，值！于是当即就答应了。

接下来，商人又去找到洛克菲勒，对他说："洛克菲勒先生，我准备给你女儿介绍一个对象，你看如何？"

洛克菲勒听后，比前面那位老头还生气："你赶紧给我滚出去！我是世界首富，还用得着你给我女儿介绍对象？"

商人接着说："你别生气，如果我给你女儿介绍的对象是世界银行年轻有为的副总裁，你觉得如何？"洛克菲勒一听就笑了，很快就答应下来。商人又向洛克菲勒要了十万美元的介绍费。

在说服了前面两人以后，商人又找到世界银行的总裁，对他说："总裁先生，你现在必须立刻任命一位副总裁。"总裁说："我这么多副总裁，为什么还要再任命一位？而且我为什么要听你的？"商人说："如果你任命的这位副总裁是洛克菲勒的女婿，你还会拒绝吗？"

总裁一听立即喜上眉梢，答应下来。商人趁机又向他要了十万美元的介绍费。最后，这位商人不费一兵一卒、一枪一炮，几乎没有花费任何成本，就奇迹般地完成了这样一个似乎难以完成的任务，还"空手套白狼"式地挣了30万美元。

当然，上面的故事并非真实，但是其中的洛克菲勒却是真有其人，是当今美孚石油公司的创办人。在上面的故事中，向我们传递出一种重要的能力，那就是资源整合能力。所谓资源整合，就是将一些看起来彼此不相关的事物加以组合，从而创造出一种新生事物，使各种资源自身的价值得到增值的过程。善于整合资源的人，就像故事中的那位商人一样，即便本身并不拥有太多资源，但却具有独到的眼光，能够看出这些资源背后潜藏的价值，并将这些价值予以整合和挖掘出来。

其实，对于产品经理来说，在企业中担负着产品管理的重任，从用户需求调查，到产品设计，以及项目管理等环节，产品经理会涉及多个环节与多种资源，为此，产品经理要能够把现有与潜在的资源整合起来，就离不开"穿针引线"地资源整合，将众人的智慧与努力高效地"穿插"在一起，从而织出一幅"锦绣江山"。正是因为这样，"资源整合能力"才与"需求分析""项目管理"等能力一起被视为产品经理的能力构成体系中极为重要的部分。

另外，在产品经理的工作中，还要根据产品的生命周期，协调研发、营销、运营等部门，确定和组织实施相应的产品策略，以及其他一系列相关的产品管理活动。可见，产品经理的工作涉及多个团队的密切配合。实际上，所谓"资源整合"，从某种程度上来说，是对"人与物"的整合，其中对人与组织的"整合"尤为重要。可以说，产品经理自始至终都离不开他人与团队的支持。对此，正如一句话所说："再优秀的产品经理，也无法一个人完成一款产品。"

那么，产品经理应该如何提高自己的资源整合能力呢？我们提供以下三方面的建议。

第一，在观念上，产品经理要树立任何资源都是可用的现代管理理念。从某种程度上来说，整合资源更多的是一种意识和观念，一般来说，任何事物都是有价值的，尤其是人才资源。对此，产品经理要认识到，每个人都是有价值的，只要将其放到合适的位置，给以适当的空间和平台，那么人才就能发挥出相应的价值。

第二，在眼界上，要具有开阔的视野和独到的眼光。通常情况下，善于整合资源的产品经理往往独具慧眼，能够从一件事物、一个人身上看到别人所看不到的价值，并且具有开阔的眼界和丰富的想象力，能够把似乎"毫不相关"的事物联系起来，为实现同一个目标、完成同一项任务而做出贡献。比如，在前面的故事中，那位商人最可贵的地方，就在于他能够将农村青年的优秀品质、洛克菲勒的女婿、世界银行的副总裁这三个似乎"无关联"的事物联系起来，能够看到他们各自独特的价值所在，从而提出资源整合的思路与方案。

第三，在心态上，切忌与别人"一争长短"。一般来说，产品经理在之前的从业经历中，可能会形成某方面比较出色的业务能力，但是到了产品经理的岗位上后，就不要拿这种业务能力与别人"比试"，这往往会带来负面效应，并且影响产品经理要完成的工作目标。对此，产品经理在心态上一定要豁达，对他人的业务能力要持有客观、欣赏与激励的态度，而非主观上的"彼此较量"。

总之，产品经理作为一个管理职位，需要具备较强的资源整合能力，这也是工作的需要。为此，产品经理要在理论和实践上不断提升自己的资源整合能力。

如何有效地管理一支团队

在工作中，产品经理会经常面临带领一支团队的现实需要，这就使得产品经理要具备一定的团队管理能力。一般来说，团队管理旨在提高组织生产力和达成组织目标。通常情况下，团队包括两种，一种是永久性团队，是指当某一项目完成后，团队将固化在组织中，叠加在现存的职能机构之上的一种团队形式；另一种是临时性团队，是为了解决某一特定问题而组成的团队，一旦问题解决，团队可能就会随之解散。根据工作需要，产品经理所带的团队，既可能是永久性团队，也可能是临时性团队，但是组建团队的目标是一致的，都是为了更好地完成某种既定的目标。

那么，产品经理应该如何打造一支优秀的团队呢？我们先来看乔布斯给出的三条建议。

第一，在为团队寻觅人才时，要突破常规的人才搜索渠道，创造性地在多种场合寻觅人才。

毋庸置疑，团队是由人组成的，团队成员往往是由团队管理人员选定的。对于团队管理者来说，"选人"在前，"用人"和"管人"在后，只有选对了人，才能为后续的团队管理打好基础。为此，乔布斯非常注重寻觅人才，而且并不仅限于常规的招聘渠道。

2005年，乔布斯接受斯坦福大学的邀请，在斯坦福大学的毕业典礼上发表过以《一定要找到你热爱的》为主题的、非常精彩的演讲。实际上，去高校演讲是乔布斯日常工作安排中的一部分。对于很多大学生而言，都非常珍惜这种难得的机会，尤其是能够和处在个人电脑领域最前沿的成功企业家面对面地探讨问题，这对大学生们而言，是一个促进个人成长的很好机会。其实，高校演讲的效果是双向的，一方面，大学生们可以从乔布斯身上获得宝贵的创业以及做人做事的经验，另一方面，乔布斯还可以从大学生们之中寻找适合本公司团队的人才。

比如说，苹果公司早期的Mac项目中的市场营销总监迈克·默里就是乔布斯在一次高校演讲中发现的人才。当时，迈克·默里还是一个二十来岁的MBA学生，他非常赞同乔布斯讲的个人电脑在未来世界中的重要作用，以及苹果公司在此过程中将做出的贡献，因此，迈克·默里也给乔布斯留下了非常深刻的印象。最终，乔布斯让迈克·默里负责Mac项目的市场销售团队，迈克·默里也不负厚望，为Mac产品的运营做出了重要贡献。

第二，要明确自己的人员需求，但不要僵化死板，当发现候选人具备特殊优点时，可以适当放宽标准。

在团队管理中，乔布斯总是能够清晰地知道自己最需要的人才是什么，一旦他发现某个人身上有一种有利于苹果公司发展的潜力，乔布斯就会抛弃所有的条条框框，将其纳入"麾下"。因此，乔布斯在选人、用人时反对僵化死板。很多时候，乔布斯选人的决定，会让人大感意外，这里面的一个重要原因是，乔布斯发现了一个人的潜质对于团队未来的重要性。

比如说，当乔布斯在施乐公司看到由施乐公司研发的"图形用户界面"时，立即意识到这种"图形用户界面"给用户带来的极大便利性，以及潜在的巨大商业价值。于是，乔布斯急于找到一位设计师，来为苹果电脑设计"图形用户界面"里的图标。当时，乔布斯创业时期的一位早期团队成员推荐了苏珊·凯尔，原因是苏珊·凯尔是一位多才多艺的艺术家。然而，苹果公司几乎所有的高管却都不赞成苏珊·凯尔来参加面试，他们认为苏珊·凯尔只是一个有创造力的艺术家，对科技却几乎一无所知，因此"不符合"苹果公司招聘人才最起码的条件。

然而，乔布斯却看到了苏珊·凯尔身上的闪光点，比如，她理解能力强，而且具备了苹果公司所需要的发明创造力。乔布斯坚信，苏珊的才华和创造力要比她缺乏科技知识这一点重要得多。最终，乔布斯力排众议接纳了苏珊·凯尔，并使其成为Mac（全称Macintosh）研发团队的一员。事实证明，苏珊·凯尔出色地完成了Mac研发团队交给的任务，有力地保障了采用"图形用户界面"的Mac电脑的如期问世。

第三，寻找有才华的人才，并且学会利用身边资源，鼓励人才推荐人才。

乔布斯常说，一定要确保你聘用的人是一个有才华的人。对此，乔布斯认为，如果你聘用的是一些水平一般的人，那么将会在团队中带来可怕的连锁反应，比如他们又会聘用一些和他们差不多甚至水平还不如他们的人进公司，最后使整个公司的实力大打折扣。

乔布斯认为，鼓励团队中的人才推荐他们比较推崇的人才，有助于为团队找到高质量的人才。这是因为"物以类聚，人以群分"，人才也是有聚集性的，一般来说，一个非常有才华的人所推崇的人，必然有其独到的长处。

一般来说，在团队成员方面一旦用人得当，可以对团队的后续管理产生积极的作用。在具体的团队管理方面，团队的规模不宜过大（据管理学论证，一个团队在理想上以少于十人较佳），平时要多奖励少惩罚，制定必要的保密措施，推崇学习，器重专家等。

团队协作决定成败

团队是一个相对的概念，可大可小。比如说，我们可以将一个公司视为一个团队，在公司内部基于不同的业务又分为一系列的团队，常见的有不同的部门与业务小组等。作为产品经理，除了需要为本团队选好人、用好人，还要面临与其他兄弟团队的合作与支持，因此，产品经理要具备与其他团队沟通与协作的能力。

正如我们在前面提到的，产品经理要具备"穿针引线"的功夫，将产品贯穿的设计、技术、市场、运营、销售、客服、招聘等多个部门有效地整合起来，从而确保产品整体的成功。可见，我们在平时的工作中，不仅要倡导团队内部的协作，还要做好团队之间的协作。在产品生产与运营的整个过程中，即便在一个小的环节之中缺乏了协作，都有可能产生难以想象的后果。

有一个故事是这样的。三只老鼠同去一个油缸偷油喝，它们发现缸底很深，仅凭一己之力喝不到油，于是它们想了一个办法，就是一只老鼠咬着另一只老鼠的尾巴，吊下缸底去喝油。这样一来，大家通过协作，可以轮流喝，可谓"有福同享"。

然而有一次，第一只老鼠最先吊下去喝油时，它想："油就这么多，大家轮流喝的话，一点儿也不过瘾，今天算我运气好，干脆自己跳下去喝个饱！"

夹在中间的老鼠想："下面的油没多少，万一让第一只老鼠喝光了，那我该怎么办？我看还是把它放了，自己跳下去喝个痛快！"

第三只老鼠也在暗自嘀咕："油那么少，等它们两个吃饱喝足，哪里还有我的份儿？倒不如趁这个时候把它们放开，自己跳到缸底饱喝一顿！"

于是，第二只老鼠一狠心，放开第一只老鼠的尾巴，第三只老鼠也迅速放开第二只老鼠的尾巴，它们争先恐后地跳到油缸里去了。最后，三只老鼠都被淹死在油缸里。

我们从上面的故事中可以看出，团队成员之间只有真诚合作，才能顺利实现团队目标，每一位员工都应忠诚负责地对待自己的工作，大家协同合作起来，才能形成更强的战斗力，并促进团队目标的达成。

既然团队协作如此重要，我们应该如何做好团队协作呢？为此，我们首先要做好四个方面的基础工作。

第一，建立信任。

一个卓越团队的前提，必然是团队成员之间、团队之间建立起信任感。难以想象，几个彼此不信任的人如何能够建立起一支高效的团队。因此，团队成员之间要学会正视自己，乐于认可别人的长处，促进彼此的信任。

第二，建立良性冲突。

一个生命力旺盛的团队，一定不是事事盲从地"形势一片大好"，必然存在着适当的良性冲突，即便团队内部对于产品方向有着不同的声音，但是大家的建议都是富有建设性的，目的是为了让团队做出最佳的决策。

第三，坚定不移地行动。

对于团队做出的决策，整个团队务必坚定不移地付诸行动。其实，团队协作不仅仅要停留在思想层面，更要落实到行动当中，为此，团队成员都要向着共同的目标前进，决不允许有人"阳奉阴违"。

第四，无怨无悔地彼此负责。

团队之中，以及团队之间，既然大家为着一个共同的目标而选择了合作，那么最终能否实现目标，会与每个人息息相关，可谓"一荣俱荣、一损俱损"。所以，每个人都要对自己负责，对他人负责，彼此要互相负责。

我们在团队协作方面做好了上述四项基本工作后，接下来要用心做好三件事。

首先，要有明确的分工。

对于一项单人即可完成的任务，产品经理可以指派专人负责；对于一项比较大的任务，由于成员人数较多，产品经理要在工作量与工作内容的分配上，通过彼此的平等协商和沟通，制定出一个妥善的分工方案来。

其次，做好合作。

可以说，分工是为了"术业有专攻"，将工作细节做好；合作则避免了分工后的"单打独斗"。在一个团队中，大家彼此合作、协调与沟通，才能够起到"1+1>2"的效果。一般来说，一个产品从分析用户需求，到产品设计、开发与运营等环节，需要层层衔接、步步合作，只有这样，才能减少产品的差错，为产品的成功打下基础。

最后，必要的监督。

在团队协作之中，监督是一种必要的协作手段。这是因为，无论是哪家公司，无不希望用最小的成本换取最大的收益。这反映在一个比较大的产品项目中，项目组中的成员总会希望尽可能花费较少的精力来完成既定的任务，这在一定程度上将对产品质量构成影响，严重的话甚至会出现偷工减料。为此，在团队协作中，我们要适当地引入监督的机制，规避人性中的"弱点"。

总的来说，团队协作对工作目标的成败起着关键作用，我们一定要做好团队协作。

如何向你的Leader（领导）申请资源

在产品管理中，产品经理可谓是领头人、是协调员。在很多企业的岗位分工中，产品经理虽然针对产品开发本身有着较大的"权力"，可以对产品生命周期中的各阶段工作进行干预，但从企业内部的行政管理上来讲，有些部门（如设计部、开发部、运营部等）并不直接隶属于产品经理，这就需要产品能够调动起很多资源来做事。一方面，产品经理自身需要具备团队协作能力；另一方面，产品经理在自身能力范围以外，还要学会向自己的Leader申请资源，从而完成产品任务。

一般来说，产品经理在向Leader申请资源时，要理顺思路，按照一定步骤进行，这样的话，既能够让Leader感觉到你的"责任心"和"事业心"，也能够避免产品因缺乏相应的资源支持而受到影响。为此，我们建议产品经理参考下面的思路和步骤申请资源：

第一，你需要申请哪些资源，为什么需要申请？

产品经理在向Leader申请资源时，不妨先在纸上列个提纲，理清思路，比如，自己在工作中遇到了哪些困难，是不是到了必须申请资源的时候了？通常情况下，我们不建议产品经理一有困难就向Leader"申请资源支持"。这是因为任何工作都会有一定的业务压力，正是在压力面前才能够看出一个人的抗压能力。

比如说，曾经有一个产品经理，在主导开发一个电子商务网站时，由于需要制作几张图片，就向老板申请招聘个"会用Photoshop软件作图的员工"。鉴于前期的工作还不是很忙，老板反问这位产品经理："你是否能够用一周时间基本掌握Photoshop作图？"在老板的激励下，这位产品经理果然用一周时间就掌握了Photoshop。可见，产品经理在工作中会遇到很多问题，包括对自身能力提升方面的挑战。

基于此，产品经理在申请资源时，一定要想清楚在自己正当压力范围之内，是否要申请资源才能更好地完成工作？在申请资源时，是需要增加人手，还是需要增加经费，以及成立新的部门，增加部门和人员编制？为什么要申请这些资源？可以说，产品经理在向Leader申请资源时，一定要把这些问题想清楚，并且在反复斟酌后，列一个需求清单给老板，并附上自己的理由。这样的话，即便Leader看了你的申请觉得有疑问，你还可以有充分的理由，并且提出几种处理方案，分析各个方案的利弊，无论你的Leader最终是否会批准你的申请，都会觉得你是一个做事有条理的人。

第二，你申请的资源，可以为企业带来什么回报，何时有回报？

经营企业是要讲投入与产出的。你向Leader申请资源，站在Leader的角度来看，如果同意了你的申请，相当于投入了某笔资源，此时，Leader作为企业或部门资源的管理者，即使身为产品经理的你不去给Leader算一笔"账"，Leader也会在心里"盘算"下是否该投入这笔资源。

为此，产品经理在申请资源时，不仅要罗列清楚需要的各种人力、物力、财力以及其他可能的额外成本，还要将这样的投入可以带来什么样的回报，预计在什么时间得到回报等都要向Leader汇报清楚。

在实际工作中，有些产品经理之所以每每向Leader申请资源都获得"否定"，而有些产品经理却屡屡在申请资源时获得"肯定性答复"，其中的一个重要原因在于是否向Leader讲清楚了投入与回报的关系。

一般来说，我们在向Leader介绍投入带来的回报时，产品经理本人务必要反复论证其可行性，从而坚定自己的信心。难以想象，如果你对一笔投入带来的效益都难以肯定，又如何打动Leader来支持你的申请？

同时，产品经理在向Leader申请资源时，也要以企业主人公的思想来对待企业的资源。通常情况下，对于一些投入较小，又确定可以带来效益的事情，建议产品经理在申请资源时要积极一些；对于投入较大、风险较大的事情，产品经理要慎重衡量；对于那些投入大、时间长、回报不确定的事情，产品经理同样需要慎重。

第三，你的执行计划是什么，会如何执行？

在向Leader申请资源时，产品经理要有一套详细的、可执行的计划，这样的话，Leader不仅可以看到你申请的具体资源，以及这些投入能够带来的回报，还可以看到你有一份翔实的执行计划做支撑，并非"一句空话"。在你的执行计划中，务必在逻辑上经过严密论证，具有扎实的可行性，俗话说"谋定而后动"，若谋不定，很有可能导致"盲动"，这也是Leader所担心的。

总之，对于在很大程度上需要"整合资源"的产品经理来说，向Leader申请资源将会在工作中时常地出现。对此，我们要学会掌握理性地向Leader申请资源。

团队凝聚力初探

团队凝聚力是使团队成员停留在团队内的合力，还是一种人际吸引力。这种吸引力与物理学中的"力"有一些相通之处，比如，当我们玩"流星球"（在一根绳索两端各系上一个彩色球状物体，利用离心力舞动双球，使双球上下交叉或成一条直线舞动）时，流星球就是围绕手这个中心来转，才不会丢失，此时，手就是中心点。那么，团队凝聚力的中心点又是什么？确切地说，它是一个团队对所有成员的吸引力。这主要表现在三个方面：

第一，团队本身对成员的吸引力。比如，团队在成立时确立的愿景、目标、自我定位等因素若适合团队成员，那么对团队成员的吸引力就比较大，反之吸引力就会减弱，甚至会使团队成员厌倦、反感，甚至脱离团队。

第二，满足所有成员多种需要的吸引力。一般来说，团队满足成员个人的各种物质和心理需要，是增强团队吸引力的一个最重要条件。

第三，团队内部成员间的吸引力。在团队内部，大家利益一致，关系和谐，互相关心、爱护和帮助，吸引力就大；反之吸引力就小，甚至反感与相互排斥。

实际上，上述三个方面也是团队凝聚力的重要构成。在实际工作中，团队只有具备凝聚力，才有可能成为一个高效团队，只有打造一支高效团队，产品经理才有可能高效地完成工作任务。一般情况下，作为一支高效团队，会具备这样几个特点：团队规模比较小，一般不超过十个人；团队成员的能力互补，从而增强整体解决问题的能力；具备共同的、可行性的工作目标；彼此负责等。

既然要组建一支高效团队，必须要强化团队的凝聚力，那么，我们该怎么做呢？下面提供若干方法以供参考。

第一，明确团队目标。

一支队伍，只有目标明确，才能众志成城。可以说，无论做什么事情，如果没有明确的目标，那么团队就会变为"群体"，团队成员也就会成为"散兵游勇"。所以，团队一定要树立自己的目标，这个目标可以是远期目标，也可以是阶段目标，可以是生产目标，也可以是品质目标等，目标就是旗帜、就是指明灯，它可以凝聚众人朝着共同的方向而努力。

第二，尊重与激励团队成员。

我们要在团队内部树立正气，坚决不允许"歪风邪气"，要在团队内部营建互相尊重的氛围，不仅要尊重他人的人格和劳动成果，还要尊重他人的合理化建议。当员工通过踏实肯干取得成绩时，我们要激励其再接再厉；当员工思想麻痹而犯了错误时，我们要帮助员工纠正错误、改进工作。可以说，团队凝聚力必然以善待与激励团队成员为根基。

第三，加强团队沟通。

有句话说得好："世界上没有完美的个人，但是有完美的团队。"那么，团队为什么能够变得"完美"呢？自然离不开团队内部的高效沟通，从而优势互补。因此，我们应该在团队中形成上下之间、员工之间诚挚沟通、相互信任、彼此合作的良好氛围。

第四，树立团队精神。

在著名国产电视剧《亮剑》中，为什么剧中的李云龙（由著名演员李幼斌饰演）所带领的队伍在很多艰难困苦的情况下都能打胜仗？一个重要的原因是"士气高昂"，再进一步来说，其实是李云龙为队伍树立起的一种精神，按照李云龙的描述是敢于向一切困难"亮剑"的无畏精神。我们知道，作为个体的人若没有"精气神"与"精神"，那么无论做什么都会缺乏激情与活力，一个团队同样如此。

某种程度上来说，李云龙为队伍树立的"亮剑"的精神，就是一种团队精神。此外，华为的"垫子文化"，其实也是一种团队精神，它是华为在创业期间、全力以赴研发自己的交换机产品，员工们累了就在垫子上趴一会儿，休息过来又埋头苦干的奋斗精神，这也是华为精神中的重要组成部分。

所以，我们要为团队树立健康而积极的精神，这种精神会无声无息、无时无刻地从内心鞭策员工为着团队的共同目标而全力以赴。

第五，谨防小团体主义。

在团队内部，一定要树立大局观念，严防与根除小团体主义。这是因为，一方面，小团体主义与团队的大目标不一致，另一方面，小团体主义往往会在团队内部"拉帮结派"，从内部分化与瓦解团队的凝聚力，对此，我们一定不能姑息，要积极预防与杜绝。

总之，团队凝聚力是一个团队同心协力、不断向上的原动力，它会让每位队员产生一种归属感，从而觉得为团队做贡献，就是在为自己争荣誉。因此，团队凝聚力越强，团队的生命力就越旺盛，士气越高扬、活力越充沛，从而让团队更好地完成预期目标。

扒一扒团队执行力

团队执行力是将战略与决策转化为实施结果的能力，再好的规划，缺乏执行力做支撑，到头来也是难以取得预期的效果。正是因为这样，人们才会说"一流的规划，三流的执行"不如"三流的规划，一流的执行"。所以，产品经理在工作中要强化团队执行力，确保团队执行不走样。

关于如何切实提高团队执行力，我们认为，作为团队领导和普通成员，需各有侧重。对于团队领导来说，要做好以下五个方面：

1. 团队领导要率先垂范，做好榜样

领导者是团队的核心，也是团队的领路人，更是团队的榜样。有句俗话说得好"兵熊熊一个，将熊熊一窝"，领导者自身出了问题，会直接影响整个团队。所以，要想提高团队执行力，领导者首先要强化领导力，其实，领导力本身就是团队中极为重要的执行力。所以，提高团队执行力，领导者要从自身开始。

2. 要有一套简洁高效的管理制度

俗话说"没有规矩，不成方圆"，简洁高效的管理制度是团队执行力的有力保障。制度的作用是要让员工按照规定的标准和流程去高效地工

作，某种程度上起到了"参照物"的作用。曾经有人做过一个试验，让一个班里的小学生凭着个人的想象去画老虎。结果，每个学生画的老虎各不相同，甚至还有人把老虎画成了别的动物。后来，老师在讲台前展示了一张老虎的图片，让大家照着画，最后，虽然同学们绘画能力参差不齐，但整体来说，画的老虎都比较接近真老虎，错误率明显降低。

在一个团队中，或许大的目标和愿景，大家都是知道的，但具体怎么做，每个人的受教育和成长经历不同，在执行中也会有所区别。对此，领导者一定要制定一套切实可行的规章制度，就像让小学生们参照老虎的图片画老虎一样，从整体上保障团队执行不走样。一般来说，在制定管理制度时，不宜冗繁，能简则简，务求实效，从而提高办事效率，提高执行力。

3. 要有充足的后备资源

俗话说"巧妇难为无米之炊"，在团队执行中，随着内外环境的变化，对人力、物力、财力、时间等资源的需求也会发生变化，很多时候，缺乏了这些必要资源的支撑，即便团队"心有余"，也可能会"力不足"。比如说，在产品研发中，需要追加经费购买必需的材料，如果没有经费或者经费不足，团队显然难以继续正常执行。为此，领导者要提前规划好足够的后备资源，以备不时之需。

4. 要有一个导向正确的企业文化

很多时候，导向正确的企业文化，可以称为团队执行力的土壤。比如说，任正非在创业时，带领团队研发自主产权的交换机产品，当时，任正非几乎把创业前期的积蓄全部"砸进"产品开发中，这使得那时的华为员工待遇并不是很佳，可是任正非又是如何发动起整个团队全力以赴地投入工作当中的呢？一个重要的原因是，任正非倡导艰苦奋斗、付出必有回报的积极健康的企业文化，确立了一个以人为本的沟通机制，使得每个人的目标与团队目标高度一致，使得大家"心往一处想，劲往一处使"，最终推动华为走上了快速发展的道路，缔造了华为传奇。

可见，企业文化是一种氛围、一种环境，更是一种准则。领导者带头在团队中建立了上下交融、不分彼此、开诚布公、坦诚相待的工作氛围，整个团队工作起来才会集中精力、干劲十足。

5. 要有一套与时俱进的激励措施

科学的激励措施是提高团队执行力的源泉。我国春秋时期的"兵圣"孙子就曾明确提出，将帅带兵打仗时，要能够做到赏罚分明，只有这样，士兵才愿意"卖命"，才有可能打胜仗。这里的赏罚分明，其实就是指激励措施，即做得好的就要奖励，做得不好的就要惩罚，这样的话，能够让先进者得到激励，形成榜样作用，使得后进者认识到自己的不足，从而自我鞭策。所以，激励是培养执行力的有效措施。同时，激励务必建立在公正、合理的基础上，而且要长期坚持，并根据现实的变化而对激励的具体内容予以及时的调整，确保激励的效果。

那么，对于普通团队成员来说，应该怎么做呢？我们根据人的身体感官总结出"五勤"，即眼勤、口勤、手勤、身勤及心勤。假如团队成员都能做到这"五勤"，并长期坚持下来，团队执行力一定会大幅度提升。

第一，眼勤。每个人都要眼里有目标，对此，正如世界著名的成功学大师拿破仑·希尔在总结出的"17条成功法则"中第二条所述："要有明确的目标。"可以说，眼里有目标，才能知道自己要做什么、什么时候做、该如何做。

另外，每个人都要审视自己的工作，看自己的工作任务有没有做好，有没有符合标准，对达到团队的预期目标有没有帮助，哪些工作是可以再改进与提高效率的。其实，我们这里说的"审视"主要是"自我检查"。孔子曾经在《论语》中说"吾日三省吾身"，实际上也是一种"自我检查"。事实上，每个人都具备一定的自我纠偏、纠错的能力，多进行自我检查，不仅有利于提高自身素质，还能让工作做得更好。

第二，口勤。这里的"口勤"有两层含义，一是注重沟通和反馈，比如，对流程不清楚、对结果有异议时要进行沟通，对下级要沟通，对上级要沟通，对同事也要沟通，沟通之后还需要及时地反馈，可以说，高效沟通是提高执行力的保障；二是对伙伴工作的指导和培训，比如，要主动纠正伙伴的行为偏差，另外，我们说的"培训"并不仅限于授课培训，而是随时随地的培训，让每个人确保自己与伙伴都把工作做正确、做好。

第三，手勤。每个人都要养成"动手去做，主动去做"的积极习惯，而非等待命令或者监督；还要养成"易弃之物，随手收拾；易忘之事，随笔记载"的习惯，坚决同懒惰做斗争，要由内而外地树立起把目标落实到行动的意识。

第四，身勤。所谓"身勤"，是指每个人要全力以赴，全身心融入与投入团队之中，不仅投入你的时间、经历和劳动，还要投入满腔热情。为此，每个人在做事中要坚持认真的工作态度，而且坚持不懈，努力为目标而奋斗。

第五，心勤。这里主要是指每个人在工作中要勤于思考，把工作与问题考虑透彻，找出最佳的解决方法；另外，还要多主动学习，勤总结，只有这样，我们的素质和能力才会一步步地提升，最终体现为执行力的改进。

总之，执行力作为团队成功的核心和关键，说小也小，说大也大，所谓"小"，无非一个字"干"，所谓"大"，执行力堪称一项系统工程，需要团队上下认真贯彻和落实，并假以时日才能够完成。因此，产品经理一定要从自身开始，从整体和宏观着眼，努力提升团队执行力。

唐僧师徒团队管理之道

我国明朝小说家吴承恩的著作《西游记》，不仅在我国广为流传，而且在世界上也传播很广，位列我国的"四大名著"之一。提起《西游记》，很多人从小的时候可能就看过《西游记》的电视剧，从而对《西游记》中的诸多人物和情节耳熟能详。其中，唐僧师徒四人，以及由白龙马所组成的"取经团队"更是为人们所熟知。对此，我们提一个问题："如果唐僧团队编制紧缺，需要裁减一人，那么应该裁减哪位呢？"

众所周知，在唐僧团队中，白龙马作为唐僧的座驾，西天取经路漫漫"十万八千里"，没有"交通工具"显然难以想象，所以白龙马不宜裁减；沙僧对唐僧忠心耿耿，对取经事业无比忠诚，也不宜裁减；孙悟空神通广大，取经一路上遇到的妖魔鬼怪需要孙悟空降服，为唐僧保驾护航，虽然偶尔难免"发发脾气"，甚至和领导唐僧"尥蹶子"，但出于业务需要，也不宜裁减；猪八戒虽然有时"搬弄是非"，偶尔打下孙悟空的"小报告"，但是在取经立场上比较坚定，虽然有时说要"回高老庄继续做高家的女婿"，但并未像孙悟空那样真的回到花果山重新做"山大王"似的付诸行动，而且猪八戒对领导唐僧非常尊敬，同时，猪八戒性情幽默，可以说，在《西游记》中，唐僧团队正是有了猪八戒，一路上才多了很多妙趣横生的故事，作为"业务干将"的孙悟空也才多次开怀大笑，整个取经团队在漫漫西行路上才不会那么孤独，所以，猪八戒可谓唐僧团队里的"开心果"，也不宜裁减；唐僧是取经团队的发起者和领导者，是整个团队的核心，更不能裁减。

从某种程度上来说，当一个团队"增之一分则太肥，减之一分则太瘦"，尤其是每个成员都不可或缺时，这样的团队堪称"黄金组合"。实际上，唐僧团队就打造成了这样的"黄金组合"，具有极大的互补性，是个非常成功的团队，即便历经"九九八十一磨难"，仍然最终完成了取经事业，修成了"正果"。我们接下来研究唐僧团队的成功之道。

可以说，在唐僧团队中，具备四种角色，也是一个理想团队中应有的四种角色，分别是德者、能者、智者和劳者。这四种角色的分工是：德者领导团队，能者攻克难关，智者出谋划策，劳者有力执行。

在唐僧团队中，唐僧目标坚定、品德高尚，处于"德者"的角色；唐僧奉唐太宗李世民之命，前往西天求取真经，以"普度众生"。当然，若论"降妖除魔"，我们知道唐僧并没有这个本事，其本人还多次被"妖怪"擒去，唐僧可谓是团队里被"保护"的重点对象。虽然如此，唐僧却自始至终担任取经团队无可替代的领导者，原因在于唐僧具备三大领导素质：一是目标明确、勇往直前，不管被妖怪擒去多少次，也不管取经之路多么难走，从未放弃过目标；二是以情感人、以德化人，树立了唐僧在团队中无比的威望，深受众人爱戴；三是手握紧箍、以权制人，有时孙悟空"撒泼"，甚至挥棒去打唐僧，如果唐僧不能及时地去念"紧箍咒"，或许就被孙悟空误伤甚至误杀，也可能平时难以"使唤动"孙悟空，所以，领导者要掌握核心资源与权力，否则单凭"德"也是难以树立领导权威的，自然也就无法成为真正的"领导"，当然，唐僧从不滥用自己的权力，只有在大是大非，而且说服教育无效的情况下，才会动用"惩罚权"，这对当今很多领导者的启发是，惩罚权切忌滥用，平时要多奖励、多鼓励，少惩罚，这也是领导艺术的基本原理。

孙悟空会"七十二变"、腾云驾雾，有一双"火眼金睛"，能够一眼看透"妖怪"的伪装，还能"一个筋斗云十万八千里"，使用的兵器金箍棒更是出神入化，在加入唐僧团队前，孙悟空还在花果山占山为王，自称"齐天大圣"，敢于斗天斗地，属于极有能力的角色；孙悟空在一路上是"降妖除魔"的干将，堪称唐僧团队里的"能者"。其实，像孙悟空这样的人，一方面能力很强，而且有个性、有想法、重感情，"说干就干"，执行力也很强，某种程度上相当于现在的"职业经理人"，另一方面，孙悟空也有着明显的缺点，比如一有成绩就爱卖弄，还得理不饶人，有时会不服领导，甚至无视领导。那么，对于团队中像孙悟空这样的人，应该怎么办呢？首先得定规矩、有制度，有"紧箍咒"，否则，唐僧早就领导不了孙悟空了，因为孙悟空曾几次与唐僧"翻脸"，甚至不惜脱离团队；同时，制度的力量是有限的，要让员工有凝聚力，与团队齐心齐德，还要靠情感，以德服人，唐僧就是用自己的执着和品德感化了孙悟空。

猪八戒是唐僧的二徒弟，会一些变身术，也能腾云驾雾，但是降妖除魔的"业务能力"不是很强；他性格温和，不像孙悟空那样发起脾气来没遮拦；猪八戒对唐僧忠心耿耿，虽然偶尔会在领导唐僧面前说下孙悟空的"是非"，但是总体上来说很敬重孙悟空，也懂得孙悟空是团队里无可替代的业务干将；再者，猪八戒爱占小便宜、贪图女色，但是在大是大非的问题上却保持着清醒的头脑。在唐僧团队中，唐僧与孙悟空多次闹过矛盾，甚至有时两人的关系不惜"决裂"与"断绝师徒之情"，在这种情况下，猪八戒从大局着眼，劝唐僧再请回孙悟空；另外，西天取经历时十几年，可谓时间漫长，猪八戒用自己的幽默和风趣为整个团队带来阵阵笑声与惬意，很大程度上担当了团队关系的"黏合剂"。从现代职场的角度来看，既牢记团队目标，为实现目标而努力，又守护着团队的团结，为团队制造快乐的气氛，通过团队的力量来实现整体与自己的成功，猪八戒某种程度上来说并非"痴人"，而是谦卑的"智者"。

　　沙僧是唐僧的三徒弟，负责挑行李、喂马、管后勤；沙僧在团队里任劳任怨，思维缜密，在是非面前立场坚定，比如，当孙悟空的看法正确、唐僧看法不对时，沙僧会站在孙悟空的一边来说服师父唐僧，而当孙悟空对师父唐僧言语不敬时，沙僧会立即斥责孙悟空，并护卫师父唐僧，可以说，沙僧对师父唐僧忠心耿耿，也是唐僧最为信赖的人，沙僧对团队内部的"尊卑秩序"起着坚定的捍卫作用，使得团队明显区别于"无序"的群体。所以，在唐僧团队里，沙僧以及白龙马可谓"劳者"。

　　此外，唐僧团队之外还有一个重要的"高级管理顾问"，还在某种程度上对唐僧团队起着督促作用，这就是"观世音菩萨"。比如，唐僧的团队配置，出于观世音菩萨的建议，事实证明，这种建议是非常正确的；在团队中，唐僧直接管理孙悟空，为了避免孙悟空不服唐僧管理的窘境，观世音菩萨有效地设计了"紧箍咒"，使得唐僧在孙悟空突破底线时能够有效地控制住孙悟空；孙悟空在"降妖"业务上对猪八戒有管理权力，但是猪八戒有言论自由，孙悟空还在某种程度上接受着猪八戒的"舆论监督"；虽然猪八戒偶尔有"散伙回家"的想法，但孙悟空的管制，又使得猪八戒不敢把想法化为行动；沙僧作为后勤管理人员，在关键时刻协调各方的关系，有时也参与到具体的"降妖"业务中。可见，一个团队除了靠自身，还要懂得借助外力、外脑，从而更好地管理团队。

　　总的来说，唐僧团队的成功，为我们提供了几个启发：

　　第一，目标明确。在唐僧团队中，上至唐僧，下至白龙马，无不知晓要去西天取经，而且务必要取得成功。有了明确的目标，才会有凝聚力，向着一个明确的方向前进。

　　第二，利益一致。师徒四人以及白龙马，各自均需完成西天取经大业才能"修成正果"，对此，大家都是知晓的。所以，尽管有时大家的想法会有所不同，但是由于目标明确、众人利益一致，所以最终还是在一起协作做事。

第三，规则明确。在唐僧团队中，各自分工明确，上下尊卑有序，组织纪律性很强，这是形成团队的必不可少的条件。

第四，结构合理。在唐僧团队中，各个成员之间能力互补，极大地发挥出了团队的优势。

第五，素质较好。唐僧师徒四人以及白龙马均源于怀才不遇或犯点小错误而受罚，之前的个人素质均较佳，比如，按照《西游记》里的说法，唐僧原为佛祖座下的二弟子金蝉子，孙悟空曾经"大闹天宫"，能耐大得很，猪八戒原为玉皇大帝帐下的天蓬元帅，沙僧原为玉帝帐下的卷帘大将，白龙马原为西海龙王三太子小白龙，可以说，唐僧团队里的成员个个均是"精英"，几位精干组合到一起，一旦调和得当，势必发挥巨大的威力。

第六，上级支持。唐僧团队的成功，与"观世音菩萨"等"上级领导"的支持是分不开的。这告诉我们一个道理，任何团队都不要目空一切，有上级领导的，就要认真接受上级的领导，上级概念不清晰的，也要为自己"找到"上级领导，这是因为，上级领导可以帮助团队纠偏，起到高级顾问的作用，同时，上级领导还可以为团队提供必要的资源支持等。

总之，一部《西游记》，在给我们带来光怪陆离的神话故事的同时，也给我们现代团队管理带来了重要的启发，值得我们从中悟道。

成吉思汗与他的团队

相信每个中国人对成吉思汗都不会陌生，在公元13世纪，成吉思汗带领一支崛起于蒙古高原的队伍，以摧枯拉朽之势，以20万人的队伍席卷欧亚大陆，建立总面积超过3000万平方公里的大帝国，其版图仅次于近代的大英帝国。

1227年，成吉思汗在亲征西夏时，因病逝世，部属遵成吉思汗遗言，安葬其于今鄂尔多斯伊金霍洛旗，并从成吉思汗的宫廷守卫中挑出500户专门守陵，这些守陵人则被称为达尔扈特人。从此，历尽沧桑，纵跨近800年，成吉思汗陵中的圣灯一直燃烧到今天。

成吉思汗本名孛儿只斤·铁木真，早年颠沛流离，后来志在统一蒙古草原，其队伍从自己的家人开始，不断扩大，直到建立庞大的蒙古帝国。某种程度上来说，成吉思汗是一个"创业者"，但与"飞鸟尽，良弓藏；狡兔死，走狗烹"的君主做法截然不同，成吉思汗在一生中没有枉杀过一名将士、没有枉杀过一名功臣，这使得将士们甘于效命，而且很多人才也纷纷投奔成吉思汗，使得成吉思汗彰显"猛将如云、谋士如雨"的盛况。我们知道，人才为事业之本，人才咸集，而且置用得当，事业兴旺可谓有了重要的根基。

在成吉思汗的帐下，重要的将领有"四杰""四勇""四弟""四子"

以及"四养子"，此外，还有前来投奔成吉思汗的汉化契丹人、著名的谋臣耶律楚材。其中，"四杰"为博尔术、木华黎、赤老温、博尔忽，博尔术是成吉思汗的少年好友，木华黎是成吉思汗从奴隶中发掘出的人才，赤老温曾经掩护少年成吉思汗脱险，博尔忽是成吉思汗的母亲的养子；"四勇"为哲别、者勒蔑、速不台、呼必来，哲别曾是成吉思汗劲敌的部属，后来投奔了成吉思汗，成为成吉思汗帐下的一员骁将，者勒蔑自幼就跟随成吉思汗，速不台在跟随成吉思汗征战时常任先锋，以骁勇善战著称，呼必来在早年时就跟随成吉思汗征战；"四弟"即成吉思汗的四个弟弟，分别为哈萨尔、合赤温、别勒古台、帖木格，哈萨尔是成吉思汗的二弟，从小就跟随成吉思汗"创业"四处征战，合赤温是成吉思汗的三弟，别勒古台是成吉思汗的异母兄弟，帖木格是成吉思汗的幼弟；"四子"即成吉思汗的四个儿子，分别为术赤、察合台、窝阔台、托雷，术赤曾开创了钦察汗国，察合台开创了察合台汗国，窝阔台曾在成吉思汗之后继任蒙古帝国大汗，托雷曾随成吉思汗亲征花剌子模；"四养子"为成吉思汗的母亲诃额仑的四个养子，分别是阔阔出、失吉·忽图忽、博尔忽、曲出。

应该说，成吉思汗能够带出这样一支明星队伍，与成吉思汗有效的团队管理是分不开的。我们接下来总结成吉思汗的若干团队管理之道：

1. 进取的理想与坚毅的精神

一个人绝对不可能攀登得比他所不知道要去的地方高。也就是说，一个人若是没有进取的目标，就难成大事。成吉思汗早在少年时，就立下宏愿，志在天下，后来，在戎马倥偬一生的经历中，成吉思汗也曾遭遇受伤、失败、遗弃和被俘等厄运，但他凭借从幼年时期掘草根、拾果子的孤苦，以及躲避追杀的艰难生涯中磨砺出忍辱负重、不屈不挠的人格精神，并且守护着自己的志向，从而将危局一一化解，为他成就一生伟业奠定了基础。

2. 科学的编制管理

成吉思汗组织起的蒙古骑兵由三部分组成，一是怯薛军，这支军队的每个成员都由成吉思汗从功臣子弟中亲自挑选，他们个个身体健壮，而且均具有一定的军事技术，平时保卫成吉思汗，战时执行关键性任务，其性质有如近现代的近卫军；二是巴特尔军，由"作战勇敢、不怕死"的年轻军人组成，其性质有如近现代的敢死队；三是骑兵，由95个千户组成，这是成吉思汗的主力部队。

在蒙古帝国内部，成吉思汗已经建立了十进制的组织结构，设有十夫长、百夫长、千夫长。顾名思义，"十夫长"通常率领十人的小队，相当于近现代队伍里的班长；"百夫长""千夫长"的概念以此类推。我们从现代组织管理学中知道，一个具体的业务团队，不宜超过十个人，否则可能影响工作效率。成吉思汗早在近800年前就意识到了这一点，并且在队伍中付诸实践。

3. 重视信息沟通

成吉思汗被认为是历史上最早建立信息联络系统的人，这就是闻名于世的驿站通信联络系统，该联络系统的负责人就是成吉思汗帐下"四勇"之一者勒蔑。当时，为保持远征军队与大本营的通信畅通，成吉思汗下令建立众多的驿站，骑士可日行数百里，一旦遇有紧急军情，日夜兼程，换马不换人，及时将成吉思汗的命令传达到所有部队，同时把前线的最新战况转呈到最高指挥部。在当时通信技术和设施落后的情况下，成吉思汗的大军在广袤的空间内能够做到"脉络顺通，朝令夕至"，保障了大军的执行力。

4. 铁一般的执行力

在执行力方面，成吉思汗率先垂范、不搞特殊。比如，在成吉思汗建立蒙古帝国后，通过"忽里台"（蒙古和元朝时期的诸王大会、大朝会，用以决定国家大事）大会制定出蒙古帝国的第一部成文法法典——《大扎撒》（又称《成吉思汗法典》），并规定蒙古帝国境内所有人都要遵守《大扎撒》，即便成吉思汗及其家族成员也不例外。

然而，成吉思汗的叔父答里台却不遵守规定，在一次战争中违规掳掠财物，成吉思汗当着部众的面，鞭笞答里台。答里台不服，说："我是你的叔父，你怎么因为我掳掠财物就鞭打我？"成吉思汗说："你是我的叔父，我是你的可汗！"言外之意，"军中无父子"，法中无亲。成吉思汗铁一般的执行力，有力地保障了队伍内部的井然有序。

5. 鲜活的创新意识

成吉思汗之所以逢战必胜，除了将士们的勇敢，还与蒙古大军在武器方面的创新有很大关系。当时，成吉思汗非常注重武器的创新，在成吉思汗时期，他拥有的先进武器成为冷兵器时代的最高峰，并在某种程度上引领世界军事向热兵器时代过渡。比如，成吉思汗军队最得意的武器"震天雷"，被称为世界上最早的手榴弹，小型的"震天雷"可以用手掷，大型的"震天雷"则用抛石机发射，利用爆炸产生的冲击波和火焰杀伤敌军，对它不了解的敌人和战马更是会被其炸裂声吓得魂飞魄散。

成吉思汗时期研制的铜炮成为当时世界杀伤力最强的热兵器，后来在攻打花剌子模时，成吉思汗还创建了世界上第一支炮兵部队，任命窝阔台为炮兵最高指挥官，此后还发明了火焰喷射器。

在此，我们暂且不讨论战争的惨烈与是非，单就技术与设备的创新来说，成吉思汗几乎从未停止过在创新方面的探索。

6. 任人唯贤，用人不疑

成吉思汗在用人中坚持"用人不疑，疑人不用"的原则，这在对耶律楚材的任用方面，表现尤为突出。耶律楚材曾是金朝官吏，蒙古攻占金朝首都燕京（今北京）时，成吉思汗得知耶律楚材是个"博学多识"的人才，便委以重用，后来，耶律楚材对蒙古的经济、文化发展起到重大作用，成吉思汗也一直非常信任他。此后，耶律楚材不仅对成吉思汗的治国安邦屡进良策，还劝说成吉思汗禁止州郡官吏擅自征发杀戮，使贪暴之风稍敛。后来，成吉思汗对其继任者窝阔台说：耶律楚材是个了不起的人才，你在军国大事方面要多听从耶律楚材的建议。可以说，成吉思汗与耶律楚材堪称"明君贤臣"。

"读史使人明智"，成吉思汗的伟业，绝非靠其"穷兵黩武"得来的，更多的是源于其对管理哲学的领悟与实践。所以，成吉思汗的团队管理思想中，还是有其精华值得我们学习与借鉴的。

唐太宗李世民的用人之道

唐太宗李世民统治时期，史称"贞观之治"（贞观为唐太宗时期的年号），被公认为中国历史发展的黄金时期，大唐盛世也由此开始。其实，"贞观之治"与唐太宗组建的一支高效管理团队是分不开的。

对此，正如在一次宴会上，唐太宗问宰相王珪："你善于鉴别人才，尤其善于评论。你不妨从房玄龄等人开始，都一一做些评论，评一下他们的优缺点，同时再和他们互相比较一下，看一下你在哪些方面比他们优秀？"

王珪回答说："勤勤恳恳地报效国家，尽心竭力无所保留，我不如房玄龄；文武双全，出征可以为将，入朝可以拜相，我不如李靖；陈事进言详尽明白，上传下达忠实公正，我不如温彦博；解决繁重的困难，妥善处理各种问题，我不如戴胄；以谏诤为己任，希望皇帝跟尧舜一样圣明，我不如魏徵。说到辨别清浊，疾恶奖善，我与他们相比，倒是略有长处。"

唐太宗听后，非常赞同王珪的话，大臣们也认为王珪完全道出了他们的心声，都说这些评论是正确的。我们从此不难看出，在唐太宗的团队中，每个人都各有所长，更重要的是，唐太宗能将这些人依其专长运用到最适当的职位，从而使其能够发挥自己的所长，为打造一个治世、盛世发挥出团队的最大力量。

应该说，唐太宗在用人方面历来为人称道，被视为"千古名君"。我们接下来总结一下唐太宗在用人之道方面的经验和做法：

1. 用人如器

唐太宗认为，事凡器具，均有优缺点，我们是用其优点和长处；同样，任何人也是有优缺点，我们在用人时，就要发现其优点，用其所长，对此，正如唐太宗所说"用人如器，各取所长"。

孔子曾说："十室之邑，必有忠信。"意为即便是十户人家的地方，也一定有忠诚信实的人，代指处处都有贤人与人才。的确，任何时代、任何地方，皆存在人才，关键是有没有发现人才的眼光，有没有发现"千里马"的"伯乐"。如果领导者在用人时"求全责备"，希望一个人"完美无缺"，恐怕就要"无人可用"了。

比如，历代公认贞观年间的贤相首推房玄龄和杜如晦，然而，房玄龄和杜如晦也都是各有所长和所短，集优缺点于一身。其中，房玄龄善于出谋划策，点子多，想得也很周全，却不够果断，魄力不足；杜如晦敢于做出决断，有魄力，却又没有房玄龄那么足智多谋。于是，每当唐太宗与房玄龄商量国家大事举棋不定时，就会把杜如晦请来，可最终用的还是房玄龄谋划的方案。

对此，唐太宗说："智慧的人取其谋略，愚笨的人取其力量，勇敢的人取其神威，怯懦的人取其谨慎，各种人物要兼而有之。良匠不放弃任何木材，明君不放弃任何人才。不要因为有一样短处就忘掉他的长处，也不要因为毛病而掩盖他的功绩。可以取长补短，人尽其用。"这体现出唐太宗"用人如器"的智慧。

2. 德行并举

三国时期，曹操讲求"唯才是举"，具体做法为：即便一个人品德不佳，甚至不仁不孝，但是若能帮助曹操治国用兵、打胜仗、扩大地盘，都可以重用。唐太宗在用人上并不赞成这样做，而是兼顾德与行两个方面，尤其是将"行"作为人才标准，使得对人才的选拔更有动态性和实践性。

唐太宗认为，在人才的评价标准上，要突出德的首要地位，德是才的统帅，决定了才发挥作用的方向和力度；才是德的支撑，影响着德的作用和范围。同时，对"德"与"才"的判断，并非"空穴来风"或者"人云亦云"，而是关键看其"行"是否能体现出相应的"德"与"才"来。某种程度上来说，这体现了"实践是检验真理的唯一标准"的道理。

3. 赏罚分明

唐太宗曾在《贞观政要》中说："国家大事，唯赏与罚。赏当其劳，无功者自退。罚当其罪，为恶者咸惧。"也就是说，处理国家大事，关键要赏罚分明、有理有据，奖赏一个人，必定是基于其功劳而奖赏，这样的话，没有功劳的人如果想获得奖赏就要努力创造成绩；惩罚一个人也要基于其罪过，这样的话，为非作歹的人自然就会害怕受到惩罚而不敢再为非作歹。为此，唐太宗坚持赏罚分明。

比如，李世民通过玄武门之变登基后，在与群臣议定奖赏时，唐太宗李世民说："我给大家的功劳赏赐，如果谁觉得有不当之处，可以各自向我申明。"于是，各位将领纷纷争功，议论不休。其中就有唐太宗的堂叔李神通。

李神通不服地说："我在关西起兵，率先响应你和高祖（李渊）的起义，而房玄龄、杜如晦等人不过是捉刀弄笔，动动口舌说说话，拿笔写写字而已，功劳却在我之上，我感到难以心服。"

唐太宗说："叔父虽然首先响应义旗举兵，其实也是自谋摆脱灾祸；后来等到窦建德侵吞山东，叔父又全军覆没；刘黑闼再次纠集余部，叔父丢兵弃甲，望风脱逃。房玄龄等人运筹帷幄、决胜千里之外，使我们大唐江山得以安定，论功行赏，功劳自然在叔父之上。叔父您是皇族至亲，但我却不能徇私情，将您滥与有功之臣同等封赏。"唐太宗一番话，说得有理有据，李神通无言以对，这体现出了唐太宗赏罚分明。

4. 量宽足以得人

唐太宗在位23年，先后任用的宰相有22个人。在这些人中，有的人是前朝（即隋朝）的皇族，有的人是唐高祖李渊重用过的人，还有些人是唐太宗登基前的政敌、太子李建成的心腹（如魏徵）。其中，魏徵甚至是谋害唐太宗的罪魁祸首，然而，唐太宗却以自己宽广的胸怀容人、用人，魏徵后来还成了唐太宗的高参和宰相。魏徵病逝后，唐太宗亲临吊唁，放声痛哭，还说出了一句千古名言："以铜为鉴，可以正衣冠；以古为鉴，可以知兴替；以人为鉴，可以明得失。今魏徵逝，一鉴亡矣。"唐太宗将魏徵视作时时提醒自己得失的知己，堪称"君臣关系"的典范。

我们知道，在古代，宰相是朝廷重臣，唐太宗在任命宰相方面尚且宽宏大量，更何况其他方面！所以，唐太宗胸怀宽广，知人善任，自然是大量有志之士前来效力。

5. 以情御人

唐太宗认为，在讲究制度与秩序的基础上，对待部下要像对待朋友一样，从而运转权力驱动与情谊驱动这两个动因去驾驭人才。唐太宗曾说，对于大臣要"推心待之"，他还常宴请群臣，宴会完后还和大臣们一起作诗歌咏，君臣之间常会有一起吃饭、聚会、聊天的机会，无形当中，加深了团队之间的感情，强化了管理团队的凝聚力。

总之，唐太宗作为我国历史上有名的"明君"，知人善任、从善如流，从管理学上来看，唐太宗在团队管理上的宝贵经验是值得我们学习和借鉴的。

彼得·德鲁克谈团队管理

世界著名管理学大师、被誉为"现代管理学之父"的彼得·德鲁克曾经说:"现代企业不仅仅是老板和下属的企业,而应该是一个团队。"其实,正如我们前面所述,团队是一个相对的概念,可大也可小。从企业层面来看,企业可以作为一个团队;企业内部又有一个个部门,这些部门基于目标分解又组成一个个团队。每个团队的存在,均是以其目标的存在为前提的。

彼得·德鲁克认为,要真正落实好团队管理,离不开每个人的自我管理,在此基础上,每个人努力提高效率,为团队进步做出贡献。为此,彼得·德鲁克强调:"一个重视贡献的人,为成果负责的人,不管他职位多么卑微,他仍属于'高层管理者'。"

在每个人做好自我管理的基础上,彼得·德鲁克认为,团队要保持活力和高效,需要在团队内部建立起高效沟通的机制。为此,彼得·德鲁克还为高效沟通总结了四个基本法则:

第一,沟通是一种感知。

彼得·德鲁克认为,在沟通中,一定要用彼此"听得懂"的语言,否则,沟通双方之中,有一方"听不懂",就难以称为"沟通"。比如,一位部门经理同员工交谈时,要根据对方的可接受程度来组织语言,要确保沟通的表达形式在对方的知觉能力范围内，只有这样，对方才会"感知"，沟通才有效果。

一般来说，沟通双方的教育背景、过往经历以及情绪都会对沟通形成影响，如果沟通时，我们没有意识到这种情况的话，就有可能会造成无效沟通。有些人在沟通时习惯用"专业化"的词汇，而不管对方是否能够听懂，这其实不是一种科学的沟通方法，因为沟通是要表达某种看法，以及这种看法是否在接受者的范围之内。

举例来说，假如一位部门经理告诉一位员工："请你尽快处理这件事，好吗？"那么，员工则会根据经理的语气、表达方式与身体语言来判断这是命令还是请求。对此，彼得·德鲁克认为："人无法只靠一句话来沟通，总是得靠整个人来沟通。"这就告诉我们，在沟通中，无论采用什么样的沟通方式，一定要确保对方能够听懂，绝非是简单地传达一个信息。

第二，沟通是一种期望。

对于管理者来说，在进行沟通之前，了解对方的期待是很重要的。我国"兵圣"孙子说："知己知彼，百战不殆。"管理者利用对方的期望来进行沟通，更易于实现沟通的目的。比如，有一位部门经理安排一位员工去做产品运营工作，经理了解到这位员工热爱学习、积极进取，也是这位经理告诉员工，做产品运营不仅能够对产品的方方面面进行熟悉，还能够熟悉产品所处的市场，可以学习到很多东西。于是，这位员工很高兴地接受了经理的安排，并且把工作做得非常出色。

第三，沟通产生要求。

应该说，在团队工作中，沟通永远是为了达到某种目的，比如工作指导、命令、批评等。一般来说，沟通总是会产生一定的要求，比如要求对方完成某事、相信某种理念、变成什么角色等，有时还会辅之以必要的激励措施等。

实际上，沟通只有符合对方的期望、价值与动机，才能真正有说服力，这时，沟通才会发生作用，包括改变一个人的性格、价值观与渴望等。假如沟通违背了对方的期望、价值与动机，那么沟通的要求可能并不会被对方所接受，甚至引来对方的反感。

举例来说，当一个部门内的员工由于工作压力大、待遇低而产生不满情绪，甚至纷纷怠工或者准备另谋高就时，假如管理者没有觉察到员工的期望、价值与动机，反而提出"今天工作不努力，明天努力找工作"时，将会更加招致员工的反感，不仅起不到沟通的积极作用，反而还会产生负面作用。

第四，沟通不是单纯地传达信息。

在实际工作中，有不少团队在管理上采用了量化的方法，要求员工定期发E-mail汇报相应的工作进度与数字，那么，这种方法是否可以取代沟通呢？答案是不可以的。这是因为，信息一般是中性的，而沟通的背后则都隐藏着目的，要实现沟通的目的，就需要沟通双方的互动。当然，在很多时候，沟通需要以信息为基础，但是我们还要搞清楚，沟通与单纯的信息传达绝不是一回事。

最后，彼得·德鲁克还提出，强化目标管理也有利于提高沟通效率，比如，团队管理者与员工着眼于共同的目标，就使得彼此在沟通中有了共同的目标，便于彼此更好地了解对方。基于此，彼得·德鲁克提出了四项要求，可以帮助我们进行自我检测，使我们知道在沟通时，要知道，一个人必须知道说什么，必须知道什么时候说，必须知道对谁说，必须知道怎么说。

第五章

项目管理：过程决定质量

在企业的职位划分中，除了产品经理（Product Manager），往往还会有项目经理（Project Manager），这两个职位的英文简称均为"PM"。那么，两者有什么区别，又有什么联系呢？就英文词汇本身来说，产品经理是"做产品管理（Product Managment）的人"，项目经理则是"做项目管理（Project Managment）的人"。实际上，产品经理往往需要不同程度地懂得和掌握项目管理方面的技能。这是由于在产品从无到有或改良的过程中，总是伴随着一系列项目，如产品设计、包装、制作等环节，甚至有时就产品本身而言也可以视为一个项目。因此，产品经理必然懂项目管理。

产品经理与项目经理的关系

在工作中，项目经理是一个比较常见的职业称谓，一般来说，只要一个事项可以作为项目进行运作的管理者，就可以称为"项目经理"，我们平时在多个行业里可以看到"项目经理"的称谓，比如"投融资项目经理""市政项目经理""招标部项目经理""物业项目经理""施工项目经理""Java项目经理"等。相对来说，"产品经理"则多在互联网与创业型公司里，比如"零售系统产品经理""云产品经理""存储产品经理""自动化运维产品经理""移动互联网产品经理"等。

如果仅是从字面上来看，我们会发现"产品经理"与"项目经理"比较相似，那么两者有无区别，以及区别是什么，两者又有怎样的关系？我们接下来对这些问题进行分析。

1. 定位方面的异同

我们首先看项目经理。在此，我们要明白几个概念：什么是项目？什么是项目管理？什么是项目经理？

所谓项目，是为创造独特的产品、服务或成果而进行的临时性工作。从项目的概念中，我们可以看到项目具备的三个基本特征，即临时性、独特性和渐进性。其中，临时性是指项目有确定的开始时间和结束时间，独特性是指提供独特的产品、服务或成果，渐进性意味着完成一个项目需要分步骤、连续地积累。

所谓项目管理，是将知识、技能、工具与技术应用于项目活动，以满足项目的需求。关于项目管理，我们在后面会做进一步的详细阐述，在此仅理解概念即可。

所谓项目经理，是由企业组织委派，领导团队实现项目目标的管理者。项目经理是运用项目管理的知识、技能、工具与技术，协调管理团队，以保证按时交付保质保量的项目。当项目比较大，项目被拆解为一个个目标相互关联的小项目时，就形成了项目群管理，这种情况下的项目经理又称为项目群经理或大项目经理。

接着，我们再看产品经理。同样，我们也要明白几个概念：什么是产品？什么是产品管理？什么是产品经理？其中，关于产品的概念，我们已在前面进行了专门的阐述，请读者朋友参考前面内容，此处不再赘述。

所谓产品管理，是将企业的某一部分（可能是产品、产品线、服务、品牌等）视为一个虚拟公司所做的企业管理，目标是要实现长期的顾客满意及竞争优势。可见，产品管理在某种程度上还是企业为管理一个产品或者产品线的产品计划、产品市场和产品生命周期所采用的组织架构。一般来说，产品管理工作包括五个环节，分别是需求管理、产品战略管理、产品市场管理、产品研发管理和产品生命周期管理。

所谓产品经理，是驱动和影响设计、技术、测试、运营和市场等人员推进产品生命周期的管理者。在企业中，产品经理是负责产品管理的职位，负责调研需求，确定开发何种产品，选择何种技术，何种商业模式，负责产品盈亏等，产品经理的核心特点是：一般没有实际领导权，主要负责协调和驱动。在实际工作中，根据产品生命周期的需要，又大致可分为研发型产品经理、运营型产品经理和市场型产品经理。其中，研发型产品经理多数在产品研发阶段，其工作重心在用户分析、需求分析、需求评估、需求管理、撰写需求、制作原型和流程图等；运营型产品经理多数在产品上线之后的运营阶段，其工作重心在产品推广、运营数据分析、吸引用户、留住用户和让用户买单等方面；市场型产品经理多数在产品成长、成熟阶段，其工作重心在采用各种有效方法让产品变得好卖和获得良好的口碑以及打造产品品牌等方面。

2. 职责方面的异同

项目经理的职责主要是：建立可达成目标，确保团队对目标认知一致；满足所有利益相关者的需求和期望，确保令其满意；有效掌控项目范围、进度、成本、质量等项目管理各要素；进行项目从启动到结束的全生命周期管理；对项目成败负责等。

产品经理的职责主要是：明确产品的目标用户群及其特征，获取、评估和管理用户需求，完成产品需求文档、产品原型和流程图，精通用户体验、交互设计和信息架构技能，对项目管理、需求变更管理和需求进行验收，对产品运营数据进行分析和总结，提供运营、市场和销售等支撑工作。

3. 能力要求方面的异同

项目经理要做到有效地管理项目，除了需要具备相关业务领域的技能和常规管理能力外，还需具备知识能力、实践能力、个人能力等。其中，知识能力是指项目经理对项目管理知识的了解程度，实践能力是指项目经理能够应用所掌握的项目管理知识做些什么、完成什么，个人能力包括项目经理的领导力、影响力、应变能力、团队建设能力、激励能力、沟通能力、决策能力、谈判能力、建立信任的能力、冲突管理能力等。

一般而言，对于一个合格的产品经理来说，其首先必然是一个成功的项目经理，所以，项目管理能力在产品经理的能力体系中占35%；产品经理的业务管理能力（包括对行业发展趋势预测的能力、估算市场规模的能力等）占20%；产品经理的技术能力（如收集需求的能力、用户核心需求把控的能力、评估需求和优先级定义的能力、制作原型、制作产品规划图等）、个人能力（如个人素养、领导力、亲和力、感染力、影响力、创新力、沟通能力、整合资源的能力等）以及冲突处理能力各占15%。

　　到此，我们对产品经理和项目经理有了一个比较清晰的认识。既然在产品经理的能力构成中，项目管理所占的比例最大，也最重要，我们接下来了解有关项目管理的内容。

项目管理中的五要素

项目管理是为了达到"做正确的事,正确地做事,获取正确的结果"而制定的一些程序或规程。在项目管理中,通常包含了一个项目需要考虑的五个要素,分别是成本、质量、进度、功能和持续发展力。我们接下来对这个五个要素进行阐述。

1. 项目成本

项目的成本是项目在全过程中所耗用的各种费用的总和,它往往包括人工成本、差旅成本、采购成本等。成本管理对于一个项目而言非常重要,因为它不只是把项目的成本进行监控和记录,还需要对成本数据进行分析,以发现项目的成本隐患和问题,从而在项目遭受可能的损失之前采取必要的行动。

一般来说,我们对项目成本进行管理固然是希望节约项目的费用,但并不意味着一味减少成本。举例来说,在一个软件开发项目中,削减测试环节固然能够减少项目的费用,但是若没有测试环节,并把用户当作"测试者",则可能对项目造成灾难性的后果,最终可能使得项目的成本大为提高,或者让项目走向失败的边缘。

通常情况下,在项目启动之前,我们就要进行成本评估。那么,项目成本都有哪些评估方法呢？在实际工作中，比较常见的成本评估方法有五种，分别是自顶向下估算法、自下而上估算法、参数估算法、专家估算法和类推法。

所谓自顶向下估算法，是从项目的整体出发，进行类推，即估算人员根据以往完成类似项目所消耗的总成本或工作量，来推算将要执行的项目的总成本或工作量，然后，再按比例将它分配到各个开发任务单元中。这是一种自上而下的估算形式，通常在项目的初期或信息不足或管理人员对项目进行总的评估时进行。该方法的特点是简单易行和花费少，但具有一定的局限性，而且准确性差，往往需要在项目执行中进行调整。我们以一个软件开发团队开发一款学生信息管理系统为例，从而了解自顶向下估算法：

表5.1 自顶向下估算法示例

序号	名称	估算值	合计值	总计值
1	学生信息管理系统			120 000
1.1	招生管理		40 000	
1.1.1	招生录入	16 000		
1.1.2	招生审核	12 000		
1.1.3	招生查询	12 000		
1.2	学生成绩管理		80 000	
1.2.1	考试信息管理	22 000		
1.2.2	考试成绩输入	30 000		
1.2.3	考试信息统计	28 000		

在上表中，该项目团队要开发的学生信息管理系统根据用户需求分析，初步确定要实现的两大业务模块：一个是"招生管理"业务模块，另一个是"学生成绩管理"业务模块。该项目团队根据待开发的信息管理系统的总的成本，进行逐层估算与细分。一般来说，这种方法有利于控制总成本，但由于估算多存在主观因素，所以在项目执行中往往面临调整。

所谓自下而上估算法，正好与"自顶向下估算法"的步骤相反，它是利用工作分解结构图，对各项具体工作进行详细的成本估算，然后将结果累加起来得出项目总成本。用这种方法估算的准确度较好，通常是在项目成本需要进行准确估算的时候采用。

由于这种估算方法以客观现实为依据，而非主观臆测，所以它在成本估算中最为准确。不过，这种估算方法经常费时费力，而且估算本身也需要成本支持，有时可能发生虚报现象等。所以，我们在使用该方法时，要确保评估人员报上来的数字的准确性。我们再以某软件开发团队在执行一个开发项目时，其内部成本估算的情况，从中了解自下而上估算法：

表5.2　自下而上估算法示例

成本参数	工作时数	参与人数	开支
项目经理（100元/小时）	500	1	50 000
分析人员（80元/小时）	500	2	80 000
编程人员（60元/小时）	500	2	60 000
一般管理费			25 000
交通费（1000元/次，4次）			4000
计算机费用（3500元/台，2台）			7000
打印与复印费			2000
额外费用（如就餐等）			6000
总项目费用开支			234 000

在上表中，该项目团队根据工作所需要的各项费用依次罗列，最后得出项目总成本。采用这种成本估算方法要做好项目需求分析，减少不必要的支出环节，同时要确保各项支出上报准确。

所谓参数估算法，是根据项目中的参数建立一个数学模型（如一个数学函数），并以此来估算成本的方法。该方法利用了一定统计技术，这在一些比较复杂而且内部关联度较高的项目中会用到，我们在此不做专门阐述，大家理解其概念即可，有兴趣的读者朋友可以参考相关资料。

所谓专家估算法，是指由多位专家进行成本估算，在取得多个估算值后再依据不同的权重求其均值，从而得出最后的估算值。

所谓类推法，是一种经验估算法，进行估算的人有专门的知识和丰富的经验，据此提出一个近似的数据。这是一种原始的方法，往往仅适用于要求很快拿出项目成本大概数字的情况，对于要求详细估算的项目是不适合的。

通常情况下，在实际的工作中，我们比较常用的三种成本估算方法是自顶向下估算法、自下而上估算法和参数估算法，而且各估算方法并非孤立的，在实际使用中可以相互结合起来使用。

2. 项目质量

在项目质量管理方面，我们通常要从质量规划、质量保证和质量监控三个方面对质量管理进行部署。其中，质量规划是质量管理的第一个环节，我们可以根据项目管理计划、项目范围说明书来制定项目的质量规划；质量保证是对项目实施的过程进行监督，我们通过质量检查和阶段检验等方式确保项目的顺利实施；质量监控是本项目实施的结果进行监督，我们通常需要质量管理人员对出现不符合质量要求的交付物进行分析与处理。

3. 项目进度

项目进度管理是项目管理的一个重要方面，是保证项目如期完成或合理安排资源供应，从而节约项目成本的重要措施之一。通常情况下，项目进度管理的目的是为了实现最优工期，多快好省地完成任务。

4. 项目功能

项目功能管理，主要是确保项目设计和开发要能够实现需求环节所需的功能，同时，在项目执行中，还要根据实际情况，对功能进行相应的调整，以保证项目的顺利进行。在项目功能管理中，我们建议可以多让用户参与试用，让客户参与对产品进行评测，从而更好地实现用户的需求。

5. 项目的持续发展力

一个项目的好坏，除了满足用户的需求以外，还要看其持续发展力，比如，我们是否可以从该项目中增加技术积累？是否可以再对项目进行一些有益的创新？是否可以借助该项目稳定一些客户关系等。可以说，我们在做项目的时候，将项目的持续发展力也考虑进去，有利于我们把项目做得更好。

到此，在对项目管理的五个要素予以了解，我们接下来了解项目管理的流程。

项目管理的流程

一般情况下，项目先后衔接的各个阶段的全体被称为项目管理的流程。在一个完整的项目流程中，通常会包括五个阶段，分别是启动、计划、执行、控制与收尾。在项目管理的不同的阶段，会有相应的侧重点。我们接着梳理项目管理的流程。

1. 项目启动

项目启动也称为"项目起始"，是指一个新的项目识别与开始的过程。俗话说"好的开始是成功的一半"，在项目管理中，在项目一开始就迈入正确的方向，会对项目管理的后续阶段起到重要的作用。这是因为，该阶段对决定是否投资以及投资什么项目起到关键性作用。我们平时听说有些项目"选错了"或者"投错了"，一个重要原因是在项目启动阶段有了失误。可以说，重视项目启动过程是保证项目成功的首要步骤。

通常而言，在项目管理的流程中，每个阶段都有自己的起止范围，包括有本阶段的输入文件和本阶段要产生的输出文件；同时，每个阶段都有本阶段的控制关口，该阶段在完成时一定要通过本阶段的控制关口，才能进入下一阶段的工作。

对此，项目启动的输出结果有项目章程、任命项目经理、确定约束条件与假设条件等。在项目启动阶段中，最主要的内容是进行项目的可行性研究与分析，这项活动要以商业目标为核心，而不是以技术为核心。这是因为，技术不能直接产生市场价值，必须经过商业运作才可以实现价值。对于企业来说，开展任何项目，均是围绕某种商业目标。

所以，在项目启动阶段，要围绕明确的商业目标，以实现对商业预期利润的分析为重点，并提供科学合理的评价方法，以便未来能对其进行评估。应该说，项目的盈利模式清晰，商业路线明确，投入与产出合理，这样的项目在启动阶段获批的可能性才会更大。另外，对于招投标项目来说，项目启动则是在招投标结束，合同签订之后。

2. 项目计划

在项目计划阶段，通过对项目的范围、任务分解、资源分析等制订一个科学的计划，从而使项目团队的工作有序开展。实际上，正是因为有了项目计划，我们在项目实施的过程中，才有了一个参照物，并且通过对计划的不断修订与完善，使后续的执行更符合实际与获得更准确的项目指导。

有句古话说"谋定而后动"，其中"谋"就是做计划，是指做任何事情之前，都要先计划清楚。项目管理也一样，只有做好项目计划，才能够有效地避免项目执行中的失误。对此，正如世界著名项目管理大师哈罗德·科兹纳在其著作《项目管理》中所说："不做计划的好处，就是不用成天煎熬地监控计划的执行情况，直接面临突如其来的失败与痛苦。"由此可见，项目计划在项目管理中的重要性。

3. 项目执行

项目执行也称为"项目实施"，是管理者组织与协调人力资源和其他资源，激励项目团队完成既定的工作计划，确保做好项目产出等方面的工作。由于项目产品（即最终可交付成果）是在项目执行阶段产生的，因此该阶段堪称项目管理中一个极为重要的环节。

项目执行阶段的工作内容主要包括：按照项目计划执行，进一步确认项目的任务范围，建设项目团队，进行必要的信息沟通，做好供应商选择，保障项目质量等。

一般情况下，影响项目执行质量的因素有：项目经理的能力和权限，会直接影响到项目执行的过程是否顺利；项目组内部成员的合作紧密程度，是项目能否在统一目标上协作执行的重要因素；项目会议的效率，是直接影响到项目内部有效沟通的主要因素；项目组内各个成员的工作能力，也是影响到项目结果和执行进度的重要因素等。

4. 项目控制

项目控制在管理者根据项目跟踪提供的信息，对比原计划（或既定目标），从而找出偏差，分析成因，研究纠偏对策，实施纠偏措施的全过程。可见，项目控制是一种特定的、有选择的、能动的动态作用过程。我们之所以进行项目控制，是为了保证项目朝着目标方向前进，对项目执行中的偏差进行及时的纠偏与纠错。

可以说，项目控制既可以使项目执行符合项目计划，也可以修改项目计划使之更好地切合当前的实际。当然，我们修改项目计划的前提是为了使项目更符合期望的目标。一般来说，项目控制主要包括这些方面：项目范围变更、质量标准、执行状态报告及风险应对。

5. 项目收尾

项目的收尾整个项目的阶段性结束，作为项目管理者，要使项目井然有序地结束，这期间包含所有可交付成果的完成，如项目各阶段产生的文档、项目管理过程中的文档以及与项目有关的各种记录等，同时还要通过项目审计。项目收尾阶段的结束标志是《项目总结报告》，收尾阶段完成后项目将进入维护期。

关于项目收尾的形式，一般由项目自由决定，比如通过召开发布会、表彰会、公布绩效评估情况等手段来进行。管理者可以根据实际情况采用相应的形式，并力争达到"再接再厉"的效果。

我们接下来以一张图来直观地了解项目管理的流程，以及其中各阶段的交互情况：

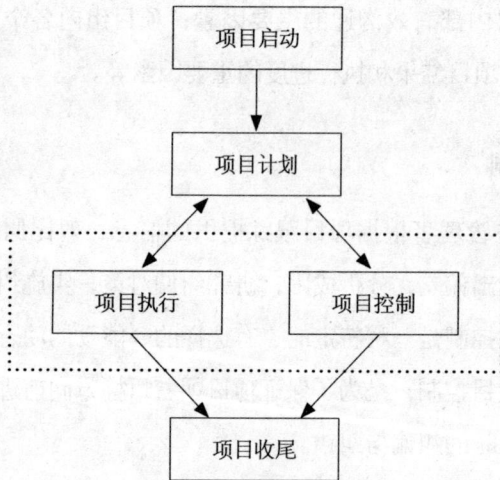

```
        ┌──────────┐
        │  项目启动  │
        └──────────┘
              │
              ↓
        ┌──────────┐
        │  项目计划  │
        └──────────┘
         ↑        ↑
    ┌ ─ ─│─ ─ ─ ─ │─ ─ ┐
    ┌──────────┐ ┌──────────┐
    │  项目执行  │ │  项目控制  │
    └──────────┘ └──────────┘
    └ ─ ─ ─ ─ ─ ─ ─ ─ ─ ─ ┘
          ↓        ↓
        ┌──────────┐
        │  项目收尾  │
        └──────────┘
```

图5.1　项目管理流程示意图

在上图中，单向箭头意味着本阶段结束后进入下一个阶段，双向箭头意味着箭头两端的阶段可以交互，比如项目执行和项目计划，以及项目控制和项目计划之间，对此，我们在前面已经阐述。需要注意的是，项目执行和项目控制要与项目计划的交互充分而必要，在这种情况下，项目才能进入收尾阶段，乃至结束。

绩效考核KPI之SMART原则

曾经有人将西方提出的ISO9000管理体系概括为四句话："凡是要做的就必须写出规定，凡是规定的就必须去做，凡是做了就要留下记录，凡是有记录的就有人检查。"这与我们经常听说的"没有检查就没有执行力"有异曲同工之妙，均强调了检查的作用。那么，怎样才能让检查具有权威和效果？这就离不开绩效考核。同样，我们在项目管理中也需要进行相应的绩效考核，从而奖优罚劣，促进项目的高效执行。

我们知道，在项目管理中会设计多个环节，需要考虑的因素和指标也很多，我们在进行绩效考核时，应该选取哪些指标作为绩效考核的指标呢？在此，我们引入绩效考核的KPI方法。

另外，意大利经济学家帕累托曾提出过一个著名的经济学原理，即"二八原理"，比如在一个企业创造价值的过程中，20%的骨干人员创造80%的价值。与此相似，在工作中，80%的工作任务是由20%的关键行为完成的。那么，如果我们把握住这20%的关键行为，就能把握住绩效评价的核心。其实，KPI的核心思想就是如此。

KPI的全称为Key Performance Indicator，可译为"关键绩效指标"，它是用于衡量工作人员绩效表现的量化指标，由一系列KPI组成的明确的、切实可行的KPI体系，是绩效考核计划的重要组成部分。

那么，我们应该如何制定KPI指标呢？对此，彼得·德鲁克早在其1954年著作的《管理的实践》中针对绩效指标就提出了SMART原则，并成为世界范围内制定绩效指标时参考与遵守的通用原则。

其中，SMART是五个英文单词的首字母，它们分别是Specific（具体的）、Measurable（可度量的）、Attainable（可达到的）、Relevant（相关性）以及Time-bound（截止期限）。我们接下来详细了解下SMART原则。

1. SMART之S：Specific（具体的）

绩效指标一定是要明确的、具体的，而且用具体的语言可以描述清楚。难以想象，如果管理者制定的绩效指标模棱两可、模糊不清，就难以将绩效考核期望实现的目标有效地传达给被考核者。

举例来说，以"增强客户服务意识"为绩效指标，这种描述方式就很不具体。这是因为"增强客户服务意识"有多种具体做法，比如减少客户投入、提升服务的响应速度、采用规范的服务流程等，究竟哪种做法才是"增强客户服务意识"要考核的内容呢？可见，作为可以考核的绩效指标，一定要具体，不能有歧义。

2. SMART之M：Measurable（可度量的）

绩效指标不仅要明确而具体，还要可以度量。这是因为如果绩效指标无法度量和量化，就意味着无法衡量，也就难以判断绩效指标完成的程度。有的时候，管理者和员工之间对绩效考核存在异议，一个重要的原因是绩效指标难以量化，导致双方意见不同，也就随之影响绩效考核的效果。

举例来说，"项目经理需为所有新员工安排进一步的管理培训"就是一个难以度量的指标，比如说，这个"进一步"究竟指何种程度？新员工从培训中获得多大程度的提升才是"进一步"？假如我们将绩效指标改为培训后以新员工的综合评分作为指标，其中，新员工的平均分数低于85分为培训效果不理想，高于85分则达到了培训效果，这样的话，绩效指标就变得可以度量和操作。

3. SMART之A：Attainable（可达到的）

曾经有人做过一个试验，在一个实验室里关了一群猴子，实验室的屋顶上挂着好几串香蕉，试验人员选择了两种方案，一种是把香蕉挂得非常高，猴子们不管多么卖力地跳跃都够不着，久而久之，猴子们就对香蕉视若无睹了；另一种方案是，香蕉挂得足够高，但是猴子们只要用力跳跃，或者一起合作跳跃就可以够着，因此，猴子们对香蕉充满了渴望，只要试验人员一挂香蕉，猴子们就会卖力地去够。

从上面的试验中可以看出，绩效指标若要真正调动起人们的积极性，就要能让员工在努力之后可以"够着"和达到。否则，员工完不成绩效指标的要求，可能会视为管理者故意"为难"自己而产生反感或者干脆推卸责任，不去完成。所以，管理者在制定绩效指标时，务必确保其可以达到。

4. SMART之R：Relevant（相关性）

绩效指标之间应该具有某种关联性，使得这些指标构成一个内部有机统一的体系，同时一个指标的改善还可以带动其他指标，从而尽可能放大绩效指标的积极意义。

比如，我们要求软件开发人员提高英语能力，并且定期组织英语学习与测试，此外，我们再制定一个绩效指标，考察其在工作中对英文开发文档的翻译能力，这样的话，"组织英语学习与测试"和"检查工作中对英文开发文档的翻译能力"就具有了很强的相关性，有助于员工将学习进步转化为提升工作质量和效率。

5. SMART之T：Time-bound（截止期限）

任何绩效指标均应有考核期限，否则就失去了意义。比如，"限定某件工作要最晚在6月1日完成"就有一个明确的截止期限和时间限制，假如没有时间限制，显然无法考核也是没有意义的。

总之，我们在绩效考核中制定KPI指标时，都必须同时符合上述五个原则，而且缺一不可。对于刚进入产品经理职位的人来说，初次带领团队，并且根据SMART原则制定一套切实可行的KPI体系，有益于锻炼和快速提升产品经理新人的能力。

产品经理如何进行项目管理

在实际工作中，尤其是在互联网公司中，由于团队规模的限制，以及工作人员在业务能力上的多元化跨度，使得产品经理经常承担一定项目管理的职能，甚至很多时候兼任项目经理。那么，产品经理应该怎样做好项目管理呢？

一般来说，管理的对象有两种，一种是"人"，一种是"物"；从根本上来说，任何管理都是管"人"，因为工作的社会性，使得人不可能仅与"物"发生"单线联系"。其实，项目管理也不例外，一个项目能否顺利完成，需要项目团队的共同努力。

在项目管理中，正如很多人的总结：一个个体，无论其多么出色，顶多是给公司创造价值，却并没有给公司增值；那些给公司增值的人，往往是通过成就他人来成就自己的人。

诚然，我们不妨以乔布斯为例，乔布斯的好友、苹果公司联合创始人沃兹尼亚克曾说："史蒂夫（乔布斯）从未写过代码。他不是一名工程师，没有做过任何原创设计，但他拥有的技术足以修改、调整、补充其他设计。"这与沃尔特·艾萨克森在其《史蒂夫·乔布斯传》中的描述是一致的。

在乔布斯从事的一系列项目中，乔布斯几乎都是驱动他人、组成团队来出色地完成，并使得苹果公司的市值不断增加，促进了苹果公司的快速发展。某种程度上来说，乔布斯策划与设计了苹果的多种产品，又亲自督导一个个项目团队完成各自的任务。因此，乔布斯在作为一个企业家之外，可谓集产品经理和项目经理于一身。

那么，我们从产品经理的角度，应该如何进行项目管理呢？

第一，为项目团队树立目标。

乔布斯曾经说"唯有那些疯狂到极点并且自认为能改变世界的人，才真的改变了世界"，实际上，几乎在他带领与指导的每一个项目中，他无不以要让产品"精妙绝伦""改变世界"为目标，激励大家做"改变世界"的人，正是因为这样，苹果产品对细节的"魔鬼般"重视才在每一个项目团队中成为现实。

所以，产品经理进行项目管理时，无论项目大小，都要制定期望的目标，只有这样，我们在项目管理中才不会迷失方向。

第二，安排工作要有明确的要求。

管理者的一大使命是做好给团队成员的分工，并且给团队成员要把工作做到什么程度给出明确的要求。举例来说，小张在一家互联网公司里刚刚担任产品经理的职位，同时又兼任了开发项目经理。小张手下带了五个项目成员，在安排工作时，小张只是笼统地安排有的人合成图片、有的人进行前端设计、有的人编写服务器代码等，却没有明确地给出各自工作的要求。结果，大家各自"为工作而工作"，不仅影响了项目交付，还影响了项目质量。

可见，管理者在给员工安排工作时，一定要给出明确的要求，包括把工作做到什么程度以及与谁对接等。

第三，从自身做起，树立榜样。

身为管理者，需要以身作则，只有这样，才能在项目团队中树立规则和威望。比如，小刘在一家软件公司里担任产品经理，同时也兼任项目经理，他要求大家平时写代码时一定要规范地撰写技术文档，为此，小刘从自身做起，在工作中无论写什么材料，包括电子邮件，他都是按照规范来写。于是，小刘带的项目团队所有成员都把技术文档写得非常规范，整个团队在工作期间也多次受到了公司领导的表扬。

第四，营造互相尊重的工作氛围。

项目团队往往是基于某项工作任务而组成的，为了在一起精诚合作，减少不必要的矛盾与纠纷，团队内部要营造互相尊重的友好氛围。对此，管理者更要率先垂范，要尊重别人的能力和付出，必要时尽可能帮别人排除工作障碍。

很多时候，员工会向哪个方向发展，与你对员工的态度有很大关系，你尊重员工，认为员工具备专业能力，员工就会努力向着"专业员工"的方向努力。

第五，项目内部开放与交流。

在实际工作中，有些项目团队朝气蓬勃，员工们很有活力，很多工作上的问题也能迎刃而解；有些项目团队却死气沉沉，大家在一起交流很少，以至于团队中有一个人离职，整个团队就会近乎解散。为此，管理者要带头融入团队，必要时"亲力亲为"，多与团队成员沟通和交流，让团队内部沟通无障碍。

第六，帮助项目成员成长。

在一个项目团队中，每个成员往往各有特长，又各有所短，通过一次项目合作，也是大家彼此交流、取长补短的机会。为此，管理者要在团队内鼓励分享经验，促进大家共同成长。

同时，根据员工们在工作中的付出与表现，管理者要及时地与上级沟通，必要时为大家争取更好的福利，以及组织有益的拓展活动等。可以说，一个项目团队内的成员们感到自己在工作中获得了成长，会更加全身心地投入工作之中。

　　总之，现在绝大多数企业里都会面临项目管理，身为产品经理，又往往需要同时负责项目管理，其实，在很多时候，产品经理从事项目管理是出于工作和现实的需要，毕竟产品经理对产品整体来说比较熟悉，去从事项目管理，更容易把握正确的方向和步骤。所以，产品经理要从理论和实践两个层面去做好项目管理。

培养项目管理思维

　　所谓项目管理思维，是指我们在面临工作与生活中的问题时，能够充分地运用项目管理的知识和技能，从而将问题有效地化解。应该说，培养出良好的项目管理思维，有助于增强我们在工作与生活中解决问题的能力。

　　小明在一家软件开发公司从事项目管理工作半年，由于工作的缘故，小明在这半年里耳朵里听到的、眼睛里看到的、手头上忙着的、嘴里说起的总是进度、时间、资源、质量之类的话题。在经历过几个大的项目后，小明觉得项目管理"不过如此"，他认为自己在项目管理方面已经"轻车熟路，游刃有余"。于是，小明在工作中也不觉心浮气躁起来，直到前不久，小明从生活中一件小小的家庭装修中发现，项目管理看起来简单，真要培养出优秀的项目管理思维，还真需要下一番功夫。

　　原来，小明在参加工作几年后，按揭购买了一套房屋。由于平时工作忙、时间又紧，小明在装修时只是简单地应付了一下，其中，连卫生间地面用的都是简易的水泥地面也没有发现。前不久的星期六早晨，小明在卫生间里不小心打翻了一盆水，结果水流到卫生间的水泥地面上，即使小明用拖布去清理，地面还是湿漉漉的。

　　于是，小明决定：拆除水泥、盖铺地砖、重装洁具。说干就干，小明在工作中养成的"雷厉风行"的作风立即派上了用场。当天上午，小明联系了一家装修承包商，说明卫生间地面装修要求和卫生间尺寸，并要求承包商提供装修工人和沙子、水泥等材料；当天下午，小明就赶到承包商附近的建材城订购地砖和洁具；当天晚上，承包商就将沙石材料送到小明的家里，建材城也承诺明天一早地砖有货，但不承诺送货上门，小明便联系了住在建材城附近的一个小货车司机，约定该司机在明天早晨将地砖连同承包商的工人一齐运来，为此需要小明次日早晨提前赶到与承包商约定的建材城会面地点，然后带上工人去找小货车司机。一切都看似顺理成章，只等小明第二天早晨8:00带领工人去与小货车司机汇合，预计明天上午9:30可以开工干活。

第二天，小明比计划提前半小时到达建材城会面地点，7:30，工人们陆续到达，7:40，工人们准备好工具，7:45，小明带着工人们到达小货车司机住处，然而，第一个意外事件出现了：小货车司机并未按照预定时间在此等候！

经过电话联系后，小明得知，小货车司机昨天夜里住在距离建材城四十多公里的另一个住处，今天一早7:30起床，此刻正驱车驶向建材城。无奈之下，小明只好和工人们耐心等待。8:45，小货车司机终于到达，于是装载材料和工人后，又经过一路驱驰，在10:30时，小明的装修工程开始施工，比昨天计划的滞后了一个小时。

那么，应该如何补救被延误的一小时呢？小明只有从装修工人身上想办法了。首先，经过了解，小明获悉，在六名工人中有四名装修工（含两名勤杂工）和两名水工，小明安排两名勤杂工不仅要配合装修工作，还要帮助水工做些勤杂工作，同时，在水工不忙时，也要帮助勤杂工工作，确保充分利用大家的工作时间；其次，小明对工序进行了优化，让工人先花十分钟时间对房间做一个测量，勾勒出地面装修草图，由水工按照图示在需要的实际部位安装和预埋管件，紧接着由装修工人先完成有预埋件的部位的地砖铺设，周围留出水工能够行走、站立工作的原始地面，然后从完全没有预埋管线的房间内另一端开始施工。这样的话，可以将洁具安装的时间予以提前。

上午的工作进展很顺利，经过两个小时的努力，地砖已经铺设了卫生间内待铺地面的1/3，小明很高兴地和工人们在附近一家餐馆吃饭。此时，又出现了第二个问题：有个工人提出，现有的沙子和水泥两种材料可能不足，但是缺少的数量又暂时不能确定。这个问题立即引起了小明的注意。剩余的时间还有一半，可是剩余的工作量却还有2/3。如果再从承包商那里运来，时间显然来不及，看来只有就近采购一条途径。

午饭结束时，小明立即到附近几个街区去寻找建筑材料的零售店，终于在附近找到一家建材零售店，小明和店主互留了地址与电话号码，并约定：如果有需要，零售店可以保证在20分钟内送货上门。15:00时，水泥、沙子等材料果然不足，根据已经使用的数量和剩余的工作量，小明一个电话，建材店就用15分钟时间送来了所需的沙子和水泥。此时，小明刚想松口气，安装洁具的水工又报告：上水管缺少一个丝扣、下水沟槽缺少砌筑的砖块！

就在小明正要着急上火时，突然想起老板经常说的一句话：一个项目经理不应该整天忙着解决已经发生的问题，而应该多去想尚未发生，却有可能发生的问题。于是，小明立即想到，此刻有材料不足的情况发生，那么下一刻又会有什么事情发生？当前，小明作为自己家装修工程"项目"的"负责人"，同时还是一个项目的统筹者，当问题发生时，不仅要积极地去解决当下的问题，更应该发现问题产生的原因，从而避免类似的事情接连发生。

于是，小明果断地命令工程暂停，对所有工人的工作进行检查，并分析下一步可能遇到的问题。小明检查后发现：勤杂工帮助水工完成了管件的预埋工作，水工却未帮助勤杂工；水工尚不清楚室外排水的具体位置等。

在发现这一系列问题后，小明立即开始总结教训，重新要求工人对具体的技术要求进行交底，以免有人把工作做不正确，还进行了任务分配，专门抽出一名工人采购材料。经过调整后，装修工作又开始继续进行，在18:15时收尾的时候，装修工人又在卫生间入口外创造性地砌筑出一个计划外的台阶，给了小明很大的惊喜。

19:30时，小明送走了装修工人，卫生间地面装修工程顺利结束。看着卫生间里装饰一新的地面和洁具，小明沉浸在对项目管理的思索中，他发现，项目管理不仅仅是一种工作，更是一种思维和生活方式！

总之，项目管理思维在我们的工作和生活中发挥着重要的作用，作为产品新人，在遇到问题时不妨用项目管理思维去思考，不仅能够锤炼项目管理能力，还能给我们的工作和生活带来更多的便利。

诸葛亮如何促成"联吴抗曹"

《三国演义》里，刘备离开袁绍，依附荆州牧刘表，刘备随后屯兵于当时荆州辖内的新野县。后来，刘表去世，其次子刘琮继位，紧接着，北方的曹操趁机率大军南下，刘琮派遣使者投降曹操，曹操随之占据荆州。于是，曹操大军锋芒直指刘备。

此时，刘备与曹操相比可谓兵微将寡，难以与之匹敌。此时，东吴孙权却不动声色，看不出是"抗曹"，还是"降曹"或"联曹"。在生死存亡之际，刘备能否在曹操大军面前生存下来，就取决于"联吴抗曹项目"能否成功了。在此紧急时刻，刘备的军师诸葛亮果断接下这个"项目"，出使东吴，"联吴抗曹项目"正式启动。

我们先来看下曹操、刘备和孙权的兵力情况。由于近年来对三方当时的兵力有不同的说法，我们在此采用官方通用的数字，即曹操大军有20万人（曹操号称80万），刘备可以参战的部队有两万人，孙权可以参战的部队有三万人。曹操当时已经基本统一中国北方，在当时占据的地盘最大，统辖的人口最多，具备最强的战争动员能力；相对来说，刘备尚无牢固的根据地，孙权也只是偏据东南一隅，两者的战争动员能力与曹操相差甚远，不在一个级别上。

按照诸葛亮与刘备之前的"隆中对"战略，荆州是要占领的，并依据荆州的资源，进而占领西川（今四川和重庆地区），最后一统天下。然而，理想是美好的，现实是"骨感"的，刘备当前最紧要的事情，是顶住曹操的进攻，最好是击败曹操。为此，刘备军团制订"联吴抗曹"的计划，旨在联合孙权的力量迎击曹军，并且在战后伺机占领荆州。

"项目"制定妥当，诸葛亮便临危受命，奔赴孙权辖地柴桑（今江西省九江市），面见孙权。当时，孙权阵营里既有主和派，也有主战派，以主和派人数最多，其中，东吴（代指孙权统辖的区域）资格最老的大臣张昭都主张与曹操谈和，不赞成迎击曹操。主战派中，仅有周瑜等少数将领主张迎击曹军。因此，在当时的东吴，主和派的呼声最高，舆论倾向于主和。

在这种情况下，诸葛亮见到孙权后，首先开门见山，用二分法为孙权指出了两条路：要么投降曹操，要么和曹操开战。实际上，孙权也只能从这两条路里选择，没有第三条路可走，因为曹操此前已经给孙权下了战书，已经声明孙权要么投降，要么开战。

此时，孙权反问诸葛亮"你家主公刘备为什么不投降"，诸葛亮便用激将法，陈述刘备是汉高祖后代，出身高贵，虽然现在没什么实力，但是很有气节，誓死不降，同时还显示了刘备联合孙权的决心。这一来，激起了实力比刘备强大的孙权对曹操的抵抗心理，尽管如此，孙权还是担心刘备实力，这时，诸葛亮又分析兵力情况，解释说曹军虽然人多，但一路远来将士疲乏，再者，曹军大多是北方人，不习水战，曹军内部又有很多新近投降的部队，军心不稳，并告知孙权，只要孙刘联合，一定有办法、有可能战胜貌似强大的曹军。这一来，孙权基本被诸葛亮说服，俗话说"擒贼先擒王"，东吴首领孙权已经倾向于联合刘备抵抗曹操，这使得诸葛亮的"联吴抗曹"项目在执行中初战告捷。

然而，以区区几万人迎击曹操的几十万大军，毕竟不是儿戏，孙权还是要听下大臣的意见。于是，孙权安排诸葛亮在次日与自己的文武大臣一起商议下究竟是战还是和，也就是诸葛亮接下来著名的"舌战群儒"。这是诸葛亮"联吴抗曹"项目中的一个重点，如果不把道理说透，即便孙权靠权威压制群臣选择了"联刘抗曹"，也难保手下大臣能够忠实执行。

次日，诸葛亮来到孙权大帐中，看到孙权手下很多大臣已经在大帐中等候。先是东吴老臣张昭出来质疑诸葛亮的能力，说诸葛亮投奔刘备后，使得刘备接连打败仗，言外之意，是说诸葛亮"不靠谱"。很多时候，人们会"因人废言"，如果诸葛亮自身能力受到质疑，那么他提出的"孙刘联合抗曹"的策略显然也不是很"靠谱"。在这种情况下，诸葛亮据理力争，解释了自己投奔刘备后，刘备阵营出现了战斗力大增的变化，并且解释了刘备因"携民渡江"才导致兵败，正说明刘备爱惜百姓，说得张昭无言以对。

在东吴阵营中，张昭一旦被说得无法应对，尽管仍有些其他人提些为难诸葛亮的问题，但已基本不在话下，可以说，诸葛亮基本通过语言在逻辑和道义层面战胜了东吴的主和派，一定程度上控制了舆论动向。接着，东吴主战派周瑜也出面建议抵抗曹操，并分析了战胜曹操的可行性。于是，外有刘备做援手，内有周瑜等主战派积极抗战，再有诸葛亮瓦解了主和派阵营，孙权最终决定"联刘抗曹"，使得诸葛亮"联吴抗曹"的项目获得阶段性成功。

然而，到此还没结束，因为在诸葛亮和刘备的项目计划中，还要占据荆州。于是，在接下来的赤壁之战中，当孙权派周瑜大战曹操时，诸葛亮秘密调兵遣将，攻占了荆州，终于使得原定的项目计划获得成功，使得刘备和诸葛亮一步步地推进了"隆中对"策略。

六大门派围攻光明顶为什么失败

在金庸武侠小说《倚天屠龙记》中，有一段非常经典的情节，那就是"六大门派围攻光明顶"。其中，作为江湖中名门正派的少林、武当、峨眉、昆仑、崆峒、华山等六大门派结成联盟，共同讨伐被视为"魔教"的明教。六大门派经过精心策划，眼看着攻打到了明教总坛所在地光明顶，同时，"白眉鹰王"殷天正、"青翼蝠王"韦一笑等明教武林高手在战斗中先后身负重伤，就在明教遭遇身死教灭的大祸之际，年轻的张无忌在先后"速成""九阳神功"与"乾坤大挪移"上乘武功绝技之后挺身而出，一举击败六大门派中的顶尖高手，粉碎了六大门派攻杀明教的图谋。

如果我们将六大门派围攻光明顶视为六大门派策划的一个项目的话，那么这个项目的目标无疑是消灭明教。然而，张无忌的意外出现却打破了六大门派原先的部署。即便如此，在张无忌被峨眉派周芷若用倚天剑刺伤后，张无忌元气大伤，此时，六大门派仍有取胜的可能，结果却坐视围攻光明顶的计划破产。

在这当中，六大门派从策划围攻光明顶项目，以及到项目执行，不同程度地存在着一定问题，从而导致围攻光明顶项目的失败。在此，我们从项目管理的视角评析六大门派策划的该项目的成败原因所在。

六大门派围攻光明顶的原因很多，一方面是当时元朝汝阳王女儿、郡主赵敏的策划，以及投靠元朝的成昆的挑拨，另一方面也同六大门派与明教的矛盾是分不开的。另外，六大门派围攻光明顶，从表面上看是为了"铲除魔教，维护武林正义"，实则是为了报私仇，尤其是获得屠龙刀，从而成为"武林至尊"。具体来说，少林派是为了找到"金毛狮王"谢逊，从而给被谢逊杀死的空见大师报仇，同时也为平息"正邪"多年的纷争；武当派则是受五侠张翠山所累，需要撇清同明教的关系，再者，明教光明左使杨逍夺走武当六侠殷梨亭的未婚妻纪晓芙，也构成了武当派与明教的一个矛盾；崆峒派为报《七伤拳谱》被谢逊夺走之仇；峨眉派与明教的仇恨来源已久，最早因灭绝师太的师兄孤鸿子被明教杨逍击败，孤鸿子气病而死，后来又因灭绝师太的弟子纪晓芙迷恋上明教杨逍，灭绝师太百般劝说不听，便掌杀纪晓芙，灭绝师太又迁怒于明教；华山派掌门人鲜于通毒害自己的师兄白垣后，嫁祸明教；昆仑派掌门人白鹿子被认为是明教杨逍所杀。

六大门派围攻光明顶的项目成员便为少林、武当、峨眉、昆仑、崆峒和华山六大门派，实际领导群雄的则是六大门派之首少林派，也就是说，少林派担任项目经理。由于各大门派都有私心，可想而知，这样的项目团队宛如一盘散沙。

接下来，六大门派在少林派的主持下，拟订了攻打光明顶的计划，还拿出了光明顶的地形草图，找出了攻打光明顶的弱点。于是，六大门派按照计划攻上光明顶，其中，华山派和崆峒派负责铲除战场上的"魔教余孽"，武当派从西往东攻击，峨眉派从东往西攻击，昆仑派预备火种焚烧"魔教巢穴"，少林派负责机动支援，以及诵经超度亡灵。

就在明教即将被六大门派消灭之际，张无忌突然出现，并且接连击败六大门派的数位高手，六大门派在项目执行中遭此变故，又未在原先的项目计划中考虑过会出现类似变故，以及出现类似变故后该怎么办，同时身为"项目经理"的少林派又做出承诺"若少林派的高手被张无忌击败，少林派就不再攻打明教”，结果少林高手被张无忌击败，少林派退出。

到此，作为"项目经理"的少林派都已经退出攻打光明顶的项目，意味着项目团队的瓦解，以及整个项目的破产。于是，明教随之解围，六大门派围攻光明顶的项目计划也告破产。

项目管理中要注意的问题

我们通过前面的学习知道，在项目管理中，会遇到一系列问题，甚至是在项目启动和计划阶段从未考虑过的问题，在项目执行中也可能会随时发生。那么，我们在项目管理中应该注意哪些问题，才能确保项目管理更好地执行呢？

首先，确定项目概况。

俗话说"万事开头难"，项目经理在接手一个新项目的时候，要尽可能多地从各个方面了解项目的情况。为此，项目经理在项目启动阶段就要了解：这个项目是什么类型的项目，具体做什么事情，是谁提出来的，目的是解决什么问题，客户方的直接责任人是谁，以及客户对待项目的态度怎样等。

在实际工作中，有些项目之所以会失败，很大程度上是由于项目管理者在一开始的时候，就对项目缺乏足够深入的认识，从而对项目的研究不足，导致项目在执行中出现问题时，项目管理者无法及时应对和解决。

其次，要选好项目经理。

一般来说，项目的成败，项目经理几乎起到了决定因素。为此，我们在选拔和任用项目经理时要慎之又慎，要确保任用的是有实力和真本事的人。通常情况下，一个优秀的项目经理，其优点和管理才能会在一个项目运行中显露无遗。为此，我们要学会在工作中辨识和选拔人才。那么，我们在工作中，应该选拔什么样的人做项目经理呢？我们在此建议几点，以供参考。

一是会用人，善于用活、用好各部门的人员，善于发现和发挥众人的优势与潜能，将每个人的积极性充分调动起来，为项目出谋划策，为化解各种难题而竭尽全力；二是管理精细化，做事有条理，讲究方法，全力以赴但不蛮干；三是对部属严格要求，在人员配备上肯动脑子，善于将平时意见有分歧，甚至有矛盾的人组合在一起，有利于彼此相互监督和制衡，还能确保大家的团结一致；四是不搞"一言堂"，对于大的决策，项目经理不能一个人说了算，要提交项目会议讨论，善于听取不同意见，这样才能避免决策失误；五是职业道德良好，坚决杜绝"灰色利益"。

再次，项目情况要及时反馈与沟通。

一般来说，我们不怕项目执行中出现意外的问题，这是因为，项目执行是动态的，随时都有可能出现新情况、新问题，但是项目过程中遇到问题务必要及时反馈与沟通，以争取足够的支持，尽快地解决问题。

比如，在项目执行中，项目成员发现了问题，在工作需要的情况下，要彼此沟通，需要向项目经理汇报的就要及时向项目经理汇报。此外，对于客户提出的问题或者做出的反馈，项目人员就不能不懂装懂、胡乱应付，对于不太有把握的事情，项目人员要向客户委婉地解释，并尽快给予答复，让客户感到项目组很负责任，态度也很积极等。

总的来说，在项目管理中的反馈与沟通很重要，我们一定要在全体项目人员中贯彻反馈与沟通机制，从而使得一有问题露出来，我们就能迅速响应与解决，避免问题扩散与蔓延。同时，项目执行中的及时反馈与沟通，还能提高项目执行效率。

最后，建立沟通渠道，注意保存证据。

在一个项目规模比较小的情况下，或许成员之间通过沟通就能指出问题所在，从而解决问题；如果一个项目规模比较大，在这个时候，项目成员之间的沟通在管理上就会有比较大的难度。此外，项目执行中要建立追责制，这同样需要沟通过程中要保留若干信息资料或证据，从而既可以追责之用，又可以起到备忘的作用。在实际工作中，我们可以在项目团队中建立统一的信息发布区，对于调研日志、会议记录、项目周报等信息，尽量放到信息发布区中，从而使项目的成员均可以看到。项目成员在工作中发送的电子邮件需做好必要的保存，不要随便删除，避免以后有需要时找不到。

另外，很多项目经理是从技术开发做起的，有时候进行项目需求调研时，会不同程度地与客户打交道。这时，项目经理如果发现客户的要求会超出项目的成本控制时，要恰当地向客户说明情况，从而避免需求膨胀，要让需求在可操作的范围内。

总之，项目管理中的内容非常丰富，还有很多需要注意的问题尚待我们在工作中进一步发现和总结。希望大家都能从项目管理中发掘问题，不断强化自身的能力！

创业公司，如何从0到1做产品

一般来说，创业型公司在做项目时，普遍面临"钱少、人不够、时间紧"的状况，相对于大公司资金实力雄厚、可以接受"试错"而言，创业型公司承受风险的能力较弱，更是需要一开始就把事情做正确。接下来，我们以互联网创业公司为例，阐述产品经理在项目中要牢牢把握的下述几点：

1. 用KANO模型定性分析用户需求

通常情况下，用户需求的来源有很多，一般主要来自用户反馈、运营部门、老板和产品经理自身等。产品经理在接到用户需求后，为了确保项目经费的精准性，必须判断用户需求的真伪。为此，我们先要了解清楚用户为什么提出这个需求，该需求所牵涉的问题是否严重，有多少用户遇到了此类问题。如果这些问题连提出需求的人都回答不出来，则可以建议用户想清楚后再提需求，也避免了我们在实现需求方面不必要的盲目性；其次，我们在了解清楚用户的需求后，还要做实际调研，比如在网上搜索相关信息等，从而让我们掌握的信息更全面。

在对用户需求进行分析时，常见的方法有两种，一种是定性分析，另一种是定量分析。相对而言，定量分析比较烦琐，对于创业型公司来说，往往会采用定性分析方法。在此，我们介绍定性分析中常用的KANO模型。一般情况下，KANO模型能够有效识别影响顾客满意度的重要因素，并且定义了三个层次的顾客需求，即基本型需求、期望型需求和兴奋型需求。其中，基本型需求是顾客认为产品"必须有"的属性或功能；期望型需求是顾客认为提供的产品或服务比较优秀，但并不是"必须"的；兴奋型需求是提供给顾客一些完全出乎意料的产品属性或服务行为，从而使顾客产生惊喜。我们来看KANO模型的一个示例：

KANO模型		如果没有的话		
		开心	无所谓	不开心
如果有的话	开心	矛盾	惊喜	期待
	无所谓	错误	无关	必要
	不开心	错误	错误	矛盾

图5.2　KANO模型示例

在上述KANO模型示例图中，横向对应的是若产品无此功能，用户会开心、无所谓还是不开心；纵向对应的是若产品有此功能，用户会开心、无所谓还是不开心。其中，"矛盾"指无论功能存在与否，用户都开心或不开心，显然该功能是有问题，应不予考虑；"错误"指功能若存在，用户会不开心，功能若不存在，用户会开心，说明这个功能是多此一举，应不予考虑该功能；"无关"指无论功能存在与否，用户都觉得无所谓，显然该功能无关紧要，也不予考虑。剩下的三类需求就是我们要重点关注的了，在这之中，"必要"指功能若存在，用户没有感觉，若不存在，用户会不开心，显然该功能是需要做的；"期待"指功能若存在，用户会开心，若不存在，用户会不开心，显然这是用户最为直接的需求；"惊喜"指功能若不存在，用户会没有感觉，若存在了，用户会开心，说明这个功能达到了让用户惊喜的效果，比如微信红包，在没有红包前，我们尚无感觉，在有了红包后，就给用户创造了很大的惊喜。

通过运用KNAO模型对用户需求进行分析，我们发现要实现的用户需求，主要是三类，即必要型、期待型和惊喜型需求。

2. 管理用户需求，确定优先级

产品经理在获得一系列用户需求后，应该如何安排执行顺序呢？此时，我们就需要考虑用户的优先级，并有效地管理用户需求。对于创业型公司而言，对效率非常重视，为此，我们可以通过下图的方法对需求快速地进行优先级排序：

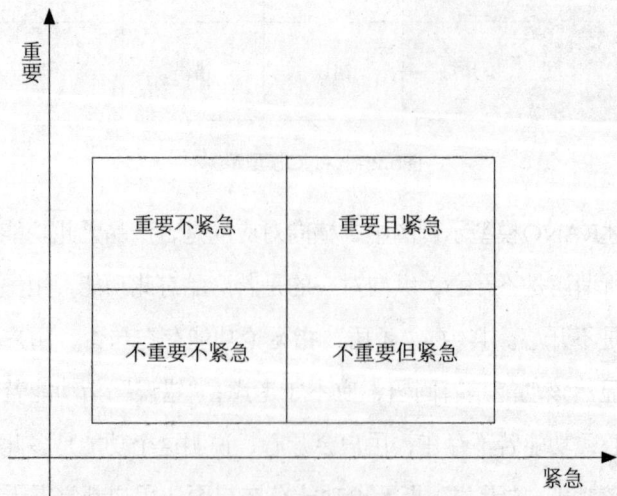

图5.3 需求优先级示意图

在上述需求优先级示意图中，我们一般优先解决"重要且紧急"及"不重要但紧急"的需求，其他有效需求则可以暂且放缓。我们平时说做事要讲究"轻重缓急"，实际上就是上图所体现出的道理。

3. 产品设计

我们接下来对产品进行设计时，可以按照下图的思路进行快捷、高效地设计：

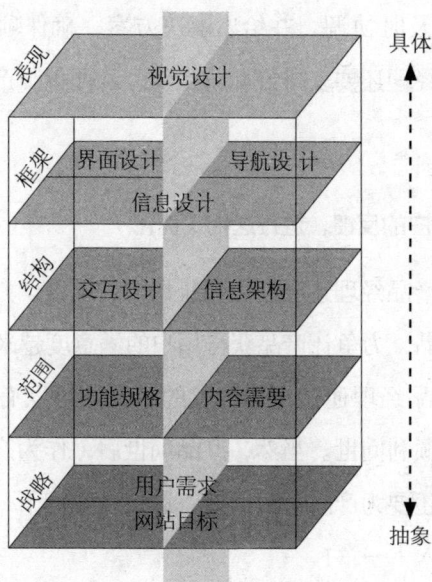

图5.4 产品设计示意图

我们以设计一个网站为例，在上述产品设计示意图中，自下而上，"战略层"需要我们考虑为什么设计这个产品，要做的产品需与网站目标和用户的需求相吻合；"范围层"是为了让我们明确具体要做什么，也就是说，我们根据企业需求和用户需求，应该在网站中为用户提供什么样的内容和功能，可谓是对战略的进一步细化；"结构层"是为产品搭建一个架构，并设计出用户如何到达某个页面，以及下一步的去向问题；"框架层"也就是我们前面说过的原型图，要做界面设计、导航设计与信息设计等，主要解决文本、图片、按钮等页面元素的摆放位置；"表现层"主要是指视觉设计，即网站为用户设计出满意的视觉效果。

4. 推动项目进展与测试

接下来，我们就顺利地进入了产品开发环节。此时，产品经理要与开发人员确定开发周期，对于开发过程中遇到的需求变更、资源需求等问题，产品经理要及时协调，并给出解决方案，确保项目在可控范围内完成。同时，产品经理还要安排好测试工作，从而保障产品质量达到预期要求。

5. 快速响应用户的反馈，进行迭代式优化

产品上市后，产品经理还要注重收集用户的反馈，并予以快速响应，不断改进和优化产品，力争让产品获得用户的满意度越来越高。

总的来说，产品经理通过上述开发的步骤，可以有效地推动项目进展，最终促使产品顺利问世。当然，产品问世后，作为产品经理，并非就"一劳永逸"了，还要为产品运营操劳，这便是我们下一章要讲述的内容了。让我们一起进入下一章！

第六章

产品运营：产品成败的最后一关

　　一般而言，企业推出一款产品，能否获得市场成功，这通常与产品运营息息相关。可以说，运营好坏，直接关系到产品经理前期的心血与付出。正因为这样，乔布斯常常深入苹果产品的运营策划中，甚至对苹果体验店的颜色搭配、空间设计、营销活动安排等都进行周密的策划。毫无疑问，乔布斯本人除了是苹果公司的创始人、CEO，他还是苹果公司最为重要的产品经理。可见，对于一个产品经理来说，往往需要对产品运营倾注足够的精力。

苹果体验店：鲜为人知的乔布斯的秘密

　　苹果产品的成功，不仅与乔布斯要求的设计独到、质量精湛有关，还与乔布斯在运营环节的努力有关。其中，乔布斯对苹果体验店（也称"苹果专卖店"或"苹果零售店"）的打造堪称经典，尤其是当乔布斯每推出一款产品时，那些"果粉"（指热衷于使用苹果产品的用户）们甚至不惜通宵达旦地在苹果体验店门口排队抢购的盛况，更是让苹果体验店充满了魔力。某种程度上来说，乔布斯打造的"苹果体验店"在传统实体店受到电子商务剧烈冲击的情况下，给人们带来了诸多启发。

　　其实，乔布斯很早就发现，在很多大型连锁商店和量贩店里，尽管也不乏销售电脑、手机等电子产品，但是相对来说，那些实体店只是机械地罗列出产品的配置信息，而且大部分店员对产品知识一知半解，甚至也不屑于为顾客解释产品的独特性能，按照乔布斯的话说就是："所有的销售员都只关心那50美元的销售提成。"乔布斯认为，苹果产品陈列的实体店一定要与众不同，尤其是要把产品凝结的理念通过实体店传达给所有到实体店的人，实体店的风格也要具备苹果产品的特点，比如有趣、简单、时髦、有创意等，实现陈列产品与陈列环境的完美统一。

　　于是，早在1999年，乔布斯开始物色开发苹果体验店的设计人员与管理人员；终于在2001年，世界上第一家苹果体验店在美国弗吉尼亚州开张。苹果体验店很好地实现了乔布斯的预期目标，在2007年时，苹果体验店被评为全美国最赚钱的零售商店，苹果公司也有20%左右的收入来自于苹果体验店。据统计，苹果体验店内平均每英寸面积的年销售额为4032美元，而老牌珠宝名店蒂凡尼的这个数字只有2666美元，消费类电子产品零售巨头百思买则为971美元。

在乔布斯的指导下，苹果体验店大胆地发挥着体验式营销理念，为顾客营造自由的体验店氛围。因此，苹果体验店致力于减轻给顾客带来的购买压力，让他们在这里可以自在地逗留，而不要把这个地方仅仅当作交易发生与终结的地方。为此，体验店的销售人员被传授了一种不同寻常的销售哲学：不是销售，而是帮助顾客解决问题。

此外，乔布斯还改变了传统零售店的销售佣金模式，苹果体验店的员工没有销售任务，也没有销售佣金，而是以提拔与培训的方式激励员工。同时，乔布斯在选择零售店员工时，重点选择充满活力、懂得服务而且了解电脑的年轻人。据资料显示，能够得到苹果体验店入职Offer的概率很低，录取比例有时甚至低到2%。高素质的员工队伍，为进入苹果体验店参观与体验苹果产品的用户带来了高效的服务。

可以说，苹果体验店为苹果产品提供了一个展示设计实力的舞台，用户只要进入体验店，就会立即体会到苹果产品的简单易用。接下来，我们看乔布斯在苹果体验店中融入的若干营销理念：

1. 让用户可以轻松地看到并体验到你的全部产品

尽管苹果体验店内的产品数量比较丰富，但是用户只要走进体验店，总是能够很方便地看到所有产品，不仅如此，体验店内陈列的所有电子产品都是功能齐全，而且都充好了电，均可以正常使用。如果用户希望体验更多的内容，苹果体验店的员工还会帮助用户完成下载，甚至可以手把手地帮助用户使用。

2. 交易简单化、流水化

如果用户在苹果体验店内想要购买某款产品，那么苹果体验店内的每一个员工都可以随时随地帮助用户轻松地完成交易，避免了传统实体店有时需要排队等待的窘境，从而做到了实时完成买单。

3. 积极利用"社区"元素

在传统商店里，顾客走在柜台外面，店员则是坐在柜台和付费窗口里面。而在苹果体验店里，用户可以随处看到穿着工作制服的苹果体验店员工，会让用户觉得自己并未在一个购物场所，而是在一个社区里，从而使得苹果体验店增添了"社区"元素。

4. 保持环境整洁而清爽

某种程度上来说，苹果体验店几乎快成为当地城市的一个"风景"，苹果体验店不仅装修得很好，而且环境整洁，店内导航指引也很方便，每款产品上也都贴有清晰的说明标签。可以说，整个实体店环境，让人感到整洁而清爽，从而让人对这种营造出的环境产生好感。

5. 不要仅仅停留于销售产品

用户进入苹果体验店，不必担心像传统实体店一样会有销售员问"您想买什么产品"，在苹果体验店，用户会发现自己真正地成了"用户"，可以说，用户随时可以在体验店内使用陈列的苹果产品，用户在这里，会真切地感到进入了一个感知科技的"世界"。

总之，乔布斯致力打造的苹果体验店之所以获得辉煌成功，甚至引领业内风向，是与乔布斯前期充分的调研与匠心独运的设计分不开的。

1927，宝洁这样运营产品

　　世界上第一位产品经理，出自世界著名的日化企业宝洁公司。宝洁公司创立于1837年，距今已经将近180年，是个典型的老牌公司。在2008年时，宝洁公司被评为世界上市值第六大公司，同时还是世界500强企业中第十大最受赞誉的公司。宝洁公司之所以"老当益壮"，这与保洁公司自诞生以来，除了为消费者提供优质的产品以外，还与其管理制度与理念的革新有密切关系，我们接下来看宝洁是如何开创产品管理制度的。

　　1927年，宝洁在推出新的香皂品牌"佳美"一年后，尽管"佳美"的销售负责人麦克爱尔洛埃工作非常努力，但是"佳美"却一直销路不畅。于是，麦克爱尔洛埃开始对销售困局进行分析。最后，麦克爱尔洛埃发现，宝洁公司为"佳美"制作的广告以及制定的市场销售手段，与宝洁的另一款非常成功的香皂产品"象牙"非常类似，几乎成为"象牙"香皂的"翻版"。"象牙"是宝洁公司早在1879年就推出的香皂品牌，已经在美国畅销近半个世纪。由于"佳美"在运营上几乎全部照搬了"象牙"的方法，而且"佳美"和"象牙"香皂都是针对同一市场的产品，这使得"佳美"与"象牙"高度雷同，于是，消费者在购买时以为"佳美"是"冒牌货"，因此仍然选购自己熟悉的"象牙"牌香皂。

　　当时，保洁公司还不允许本公司内的"佳美"和"象牙"这两个品牌进行自由竞争，因此，保洁公司的销售方式还是销售部经理同时负责"佳美"和"象牙"两个品牌的销售。在这种情况下，由于"佳美"在市场定位、营销方式、价格方面均与"象牙"非常相似，从而使得"佳美"品牌不清晰。此外，麦克爱尔洛埃还发现，由销售部负责同类产品的广告和销售，不仅造成了人力与广告费用的浪费，更重要的是难以做到两个品牌的差异化，尤其是让新品牌"佳美"的潜力无法充分发挥出来。

于是，麦克爱尔洛埃提出"一个品牌应由一个人负责"的构想，并提出"品牌经理"（Brand Manager）的概念，并进一步提出每一个宝洁品牌应当由一个品牌经理带领一个团队，并当作一个单独的事业去经营，与其他品牌同时竞争。麦克爱尔洛埃的"品牌管理"建议很快得到了宝洁公司总裁杜普利的赞同，麦克爱尔洛埃随之被任命为"佳美"的品牌经理。其实，麦克爱尔洛埃所建议的"品牌管理"，与我们现在所说的"产品管理"在概念上是一致的，因此，麦克爱尔洛埃也被称为世界上第一位产品经理。

麦克爱尔洛埃担任"佳美"的品牌经理后，接着根据"佳美"所面对的用户的特点，调整营销策略，谋求市场差异化，使得"佳美"牌香皂改变销售困境，随之畅销起来。接着，到1931年，保洁公司将"佳美"品牌的做法推广到全公司范围，形成了"品牌管理系统"，实行由一组专门人员负责某一品牌的管理，并保持品牌之间存在竞争，鼓励各支品牌团队为各自的品牌赢取市场。后来，美国《时代》杂志称赞麦克爱尔洛埃在"品牌管理"上的努力："麦克爱尔洛埃赢得了最后的胜利。他成功地说服了他的前辈们：使宝洁公司保持高速发展的策略其实非常简单，那就是'让自己和自己竞争'。"

由于"品牌经理"制度在宝洁公司取得了前所未有的成果，许多企业纷纷采用，比如美国福特公司、庄臣公司（主要经营家庭清洁用品）等都采用了这一管理制度。后来，由于"品牌"逐渐引申与分化出"无形资产"的概念，容易与"产品"产生混淆，因此，"品牌经理"也逐渐演变成"产品经理"的称谓。在产品经理的岗位上涌现出许多杰出的企业领导人，比如美国通用公司前CEO杰克·韦尔奇，微软公司的前任CEO史蒂夫·鲍尔默等，都曾担任过产品经理这一职位。

其实，从宝洁公司的案例中，我们可以看到，产品经理制度的核心是对产品经理的角色定位，即产品经理就是一种产品的"总经理"，对产品的市场成功负责，各个部门应围绕产品经理来开展工作。产品经理的这种定位，弥补了传统的将多个品牌的产品交由同一个销售部门进行销售、各品牌团队竞相争取预算却又不对产品的市场成功负责任所形成的缺陷，这也是产品经理制管理模式的竞争力所在。

总的来说，产品经理既然要对产品的市场成功负责，那么产品经理就需要负责从产品开发到产品上市以及上市后的产品生命周期进行管理。具体来说，产品经理的职责主要有产品规划、新产品开发组织与协调管理、产品的生命周期管理等。

由于产品经理涉及的职责范围较广，因此其工作内容会涉及市场、研发、生产、财务、项目管理等。为此，产品经理经常要与公司高层、市场部、开发部等职能部门打交道，需要取得他们的支持与配合。

当然，"产品经理"制在不同企业里并非单一而凝滞不变的，在实际工作中，各企业根据自身的实际情况，可以对产品经理制的管理模式进行完善或简化，这主要体现在对产品经理的定位上。有些企业将产品经理定位为一种产品的"总经理"，对所负责的产品或产品线的经营绩效负有最终责任，并且负责提出产品构想、产品开发，把最终产品销售到顾客手中，我们一般将这种定位的产品经理叫作"重量级产品经理"，如本田、宝洁等公司的产品经理就是"重量级产品经理"。还有些企业则将产品经理定位为"产品需求分析和设计"或"售前（后）支持与协调者"，主要负责产品的前期需求分析与设计，以及市场销售支持和协调工作，我们将这种定位的产品经理叫作"轻量级产品经理"。

应该说，无论对于产品经理的哪种定位，最终目的都是为了有利于产品的成功。所以，既然作为产品经理，就要树立起对产品整体负责的意识。

产品经理：既要管"生"，还要管"养"

产品在市场上的受欢迎程度如何，能否被市场接受，能否在市场上生存下来与成长，这同样是产品经理需要关注的问题。一般而言，产品经理对于自己"孕育"和"分娩"的产品，通常是比较熟悉的，所以在产品"出生"后的运营和推广方面，产品经理有着重要的发言权，起码来说，产品经理在产品运营方面的见解是有着重要参考价值的。

因此，产品经理要努力担当或协助把产品运营好的任务，让产品扎根入市场，让产品"健康茁壮地成长"，不要让产品在市场中早早地夭折。我们接下来以互联网产品运营为例，了解一下产品运营的相关知识和所需的技能。

一般来说，产品运营主要包括三个板块的工作，分别是产品（需要深入了解产品的特征与特点）、用户（需要进行用户细分以及市场分析）与渠道（通过什么样的手段触及目标用户）。在产品运营中，我们还要有明确的绩效指标，比如产品运营带来的收益多少、用户规模上的增长以及用户活跃度等。

同时，我们要努力培养自己的产品运营意识，比如说，降低成本、实现最大化的产出，细分用户群体、聚焦最有价值的用户群体，提升运营效率等。在具体工作方面，产品运营主要包括三个层面：

1. 内容运营

一般来说，内容型产品分为两种：一种是UGC（User Generated Content，用户原创内容）型，如微博、论坛、SNS（Social Networking Services，指社交软件和社交网站）等；另一种是媒体型，如门户网站等。无论运营哪一种内容型产品，产品经理在对内容的掌控方面，均要遵守"审核+推荐"的方式，也就是说，通过审核将不适合的内容过滤掉，通过推荐将优质的内容呈现在重要的位置，增加其曝光率，从而增强产品的影响力。

内容运营的目的通常是提高用户黏性和活跃度，具体的工作任务则包括创作内容、撰写文章、拍摄视频、照片等，然后通过运营分析，找到用户感兴趣的领域，制作内容并进行推送。

2. 用户维护

通常情况下，用户维护是件烦琐的工作，很难做量化的考核，本质来讲，用户维护是产品与用户群之间的情绪管理，即这款产品的公共关系管理。举例来说，社交类的APP产品，在用户维护方面包括身份审核、隐私保护、积分换礼品与投诉等。

3. 活动运营

产品活动一般有三种：一是以内容为导向，引导用户产出符合要求的内容，比如，有些APP产品推出某个话题后，吸引用户前来评论，然后从用户评论中挑选出优质内容呈现出来；二是以社群为导向，通过鼓励用户互动来推动社群关系的扩展。比如鼓励用户将产品信息分享到微信朋友圈中等；三是以产品为导向，比如吸引用户下载与使用某款APP产品等。

无论采取哪一种活动运营的方式，都需要通过策划方案、页面设计与组织实施，并且需要安排专业的运营人员来操作。其中，在活动策划方面，我们要明确受众是谁，活动目标是什么，需要提升哪些指标，时间周期多长，成本投入多少，怎么把控风险，哪些数据需要监测等；此外，我们还要了解活动成本，以及要把控的风险。

总的来说，关于活动运营，一般有五个要素，具体是：确定KPI目标，让我们运营的活动具有目标导向；确定目标人群，在此基础上，我们要"拉新、促活、留存"，所谓"拉新"，是指把新用户拉进我们的活动中、增强活动的人气，"促活"是促进用户的活跃度，"留存"主要指留存用户，即用户在某段时间内开始使用某款应用产品，经过一段时间后，仍然继续使用该应用产品的用户；确定活动形式，主要指举办什么形式的活动；活动方案实时优化，包括碰到紧急事件的备案等；活动总结，这可以帮助我们分析本次活动的得失，以及为下次活动打下基础，具体包括收集活动中数据，将活动数据与往期进行比较，评估活动的效果，分析活动得失的原因，并且进行自我反思和总结等。

最后，在产品问世后，能否在市场上生存下来以及发展壮大，很大程度上需要产品运营做出足够的能力。为此，产品经理在操作或协助产品运营时，一定要秉持"为产品负责"的态度去思考，努力实现产品在市场上的成功。

产品运营计划书怎么写

孩子出生后，很多家长会给孩子制定一套成长方案，以确保孩子健康地成长；在成长中，家长们可以根据实际形势的变化，对孩子的成长方案予以微调，从而避免孩子"野蛮生长"，使得孩子在成长中少走些弯路，更好地获得人生的幸福。相比较而言，产品经理为产品做一套运营方案，其作用从某种程度上来说，与此相似。我们接下来以移动互联网产品为例，介绍制定一份产品运营计划书的若干实施步骤。

1. 竞品分析

我们在做产品运营时，先要了解市场，这就需要我们从市场上选择竞品，通过与竞品的比较，做好产品的定位。其中，我们可以在百度中搜索若干关键词，从中确定要对比的竞品。接着，我们要对竞品的优劣势进行分析，从而对本品的运营方案初步得出结论，以指导我们后续的运营步骤。

2. 产品定位

可以说，精准的产品与目标用户群定位是运营推广得以成功的基础。我们对目标用户群体的分析越透彻和清晰，那么对于后期推广起的关键性作用就越大。其中，在产品定位方面，我们要力争用一句话就能清晰地描述产品，事实证明，产品定位越清晰，越容易引起特定用户群的注意，从而更易获得市场成功；在目标用户定位方面，一般可以按照年龄段、收入、学历、区域等维度来定位。

3. 推广方案

当前，推广渠道主要有线上、线下和新媒体推广三种。基于此，我们介绍这三种不同推广方式具体怎么操作。

在线上推广渠道中，我们可以为APP产品选择基础上线，比如下载范围覆盖各大下载市场、应用商店、大平台、客户端等；我们还可以选择中国移动、中国电信、中国联通等运营商渠道进行推广，由于运营商的用户基数较大，我们还可以将APP产品预装到运营商商店，为此，市场部门要有专门的渠道专员负责与运营商沟通合作，包括出方案进行项目跟踪；积极利用第三方市场平台，据统计，我国当前有近百家第三方应用市场，在资金充足的情况下，我们可以适当投放一些广告位及推荐等；选择手机厂商商店，很多大的手机厂家都在本品牌的手机里预装了应用商店，对此，我们可以积极地与其接洽；社交平台推广，影响力较大的社交平台有腾讯、新浪等。

在线下推广渠道中，我们可以选择在一些实体店面进行APP产品预装，比如苏宁电器、大中电器等；还可以在人流量大的街头，采取赠送小礼品的方式，邀请行人下载与安装APP，目前，这种称作"地推"（即地面推广）的方式已经成为APP线下运营的一个重要方式。

某种程度上来说，新媒体推广也是一种线上推广，只是在推广方式上具有相对意义上的"新媒体"特征，在这方面，我们可以进行内容推广，包括对受众进行定位，分析出核心用户的特征，然后坚持产出原创内容，而且注重更新；百科推广，比如建立产品词条，还可以在百度知道、搜搜问答、新浪爱问等平台进行问答类推广，以及在论坛、贴吧上推广；微博推广，在这里可以将产品拟人化，通过讲故事来推广产品，提高产品的曝光率；微信推广，由于微信的使用人数非常庞大，因此微信推广受到人们的普遍重视；事件营销，我们将每天接触到的大量新鲜资讯予以整合，并做出与之匹配的推广计划等。

4. 推广预算

我们可以对根据上述渠道选择的推广方案制定预算，确保推广方案得以实施。在这方面，由于不同的推广渠道，所需要的费用有着显著区别，而且处于动态的调整和变化之中，我们不再为预算举例，相关推广渠道的费用，请读者朋友在互联网上获悉最新资费说明。

5. 制定目标

一般情况下，产品运营计划一旦得以实施，是要有所投入的，因此也必然要力争实现一定的目标。在这方面，当APP产品刚推向市场时，需要一批"种子用户"，以这些"种子用户"为基础，我们的APP产品在市场上才能先有一块"立足之地"，所以，我们将APP在这一时期的运营称为"种子期"，在这个阶段主要进行免费或者赠送礼品似的推广；此后，当用户足够多时，便进入了推广期，在这时，我们要进一步扩大APP产品的影响力，积极吸收用户；最后是营收期，即通过运营创造了一定价值，APP逐渐具备盈利能力等。

6. 数据指标分析

这里的数据指标主要有次日留存、周留存、月留存以及渠道留存等。其中，留存率提高，意味着有更多的用户留下来，那么使用APP的用户也就随之越来越多。

　　总之，我们在起草一份产品运营计划书时，主要通过上述六个步骤来完成。当然，我们在上面是以移动互联网产品为例，相信读者朋友可以根据自己所在的行业，充实入相应的内容，也可以写出一份适合本职工作需要的运营计划书！

用"互联网+"思维做产品运营

自从2012年"互联网+"的概念提出以来，"互联网+"思维逐渐引起人们的广泛重视。所谓"互联网+"，通俗来讲是"互联网+各个传统行业"，但又不是两者的简单相加，它更注重利用信息通信技术以及互联网平台，让互联网与传统行业进行深度融合，创造一种新的发展生态，从而充分发挥互联网在社会资源配置中的优化和集成作用，将互联网的创新成果深度融合于经济、社会各领域之中，提升全社会的创新力和生产力。应该说，在互联网时代，我们经营任何产品，都离不开"互联网+"思维，因为互联网已经成为一种基础环境。

因此，产品经营在运营方面尤其需要具备"互联网+"的思维，为此，积极整合互联网渠道，打通PC端与手机端两大互联网平台，积极运用搜索引擎、博客与微博自媒体、QQ与微信社交工具，以及社区论坛类的"市井江湖"等互联网推广工具，从而做好产品推广与运营。

此外，"互联网+"具备六个方面的特征，分别是：

1. 创新驱动

互联网技术无限地释放人们的想象空间，无论是产品设计、实现，还是产品运营，总会有道不尽的创意。比如说，微信作为一种互联网社交工具APP产品，每一次的版本升级与更新，总会给人们带来一番创新，例如，微信先后增加"查看附近的人"的陌生人交友功能，"摇一摇"和漂流瓶功能，支持实时对讲和多人实时语音聊天，表情商店和游戏中心等，在2014年时还公布"微信智慧生活"全行业解决方案，将微信平台涉及的服务能力延伸到移动电商入口、用户识别、数据分析、支付结算、客户关系维护、售后服务和维权、社交推广等。其实，微信在功能上的不断更新与扩展，便是"互联网+"背景下创新驱动的缩影。

2. 跨界融合

"互联网+"本身就意味着跨界与开放，比如说，原有的金融体系发生变化，很多互联网企业涌入金融领域，同时，很多金融企业也涌入互联网领域等。各个行业之间借由互联网技术实现了融合协同，就是消费者的身份也在发生着微妙的变化，某种程度上转化为"投资者"等。

3. 联结一切

如果说在过去，不同行业之间还存在着"壁垒"的话，在互联网时代，各个行业几乎都在"互联互通"，甚至每种产品似乎在其体系之内都在试图"联结一切"，从而突破常规意义上"产品"的概念，向"平台"型产品迈进。比如，我们前面举例的微信，从原先一款定位明确的社交APP产品，正在致力于打造"微信智慧生活"，依托微信平台提供全行业解决方案等。

4. 重塑结构

互联网打破了以往的社会结构、地缘结构、文化结构等，并重塑起一种新的结构。比如说，电子商务的兴起，使得网上购物正在成为人们一种常用的购物方式；众多QQ群、微信群等也在改变着人们的交往方式；很多论坛里的帖子和议论正在对舆论发生着重要的作用等。

5. 尊重人性

实际上，"互联网+"的发展，极大地便利了人们的生活，凸显了个体在社会舆论中的话语权，引起了人们对人体验的敬畏，以及人的创造性的重视。举例来说，现在很多电商平台都提供了消费者评论商品和服务的功能，这本身就体现了对消费者的尊重。

6. 开放生态

在互联网时代，任何产品都将处于某个"生态环境"中，比如，某种新推出的产品，需要密切留意各个互联网平台上来自用户的评论，如果我们对此有所松懈的话，将可能使我们的产品运营功亏一篑。为此，我们在进行产品运营时，要尽可能多地分析现有的互联网推广渠道，让每一个信息孤岛都得以连接起来，形成一个有机统一的开放生态。

最后，我们前面所述移动互联网产品运营中的工作内容，即拉新、留存、促活，其实对于很多种产品的运营来说，某种程度上是通用的。比如，"拉新"是为你的产品带来新用户，我们可以运用"互联网+"思维，积极整合网站、微博、微信等互联网渠道，使得"拉新"卓有成效；"留存"是通过各种运营手段吸引了用户的注意后，最终愿意留下来使用产品；"促活"即"促进用户活跃"，持续提升用户的关注度。"留存"与"促活"均需要互联网的支持。我们可以发现，身处当今互联网时代，我们无论做任何产品的运营，都已离不开"互联网+"思维。

麦当劳与肯德基的运营之道

谈到西方的快餐店，麦当劳与肯德基堪称代表。在现实生活中，这两大快餐店连锁品牌也可谓常见，甚至经常位于毗邻的位置。其实，很多日常生活中屡见不鲜的事物，未必是我们所熟悉的。比如，麦当劳与肯德基表面上看起来，都是快餐连锁店，但是它们之间在运营中有什么区别呢？让我们细细道来。

麦当劳的最初创办人是麦当劳兄弟，在1940年，麦当劳兄弟两人在美国加利福尼亚州创建了"Dick and Mac McDonald"餐厅，以出售汉堡包闻名，这是现在麦当劳的前身。1955年，当今麦当劳的实际创办人、推销员出身的雷·克罗克（Ray Kroc）说服麦当劳兄弟开展连锁店，雷·克罗克成为麦当劳公司的首任CEO。1960年，雷·克罗克将"Dick and Mac McDonald"改为现在使用的"McDonald's"餐厅；1961年，雷·克罗克以270万美元从麦当劳兄弟手中收购麦当劳餐厅，同时，雷·克罗克为支撑加盟连锁业务成立了房地产租赁公司，麦当劳走上了快速发展的道路；1962年，麦当劳著名的经典招牌——"罗纳德麦当劳叔叔"形象问世。据统计，截至2014年，麦当劳在全球拥有约3.2万家分店，其中在我国的分店超过2000家。

相对来说，肯德基的创办人哈兰·山德士（Harland Sanders）的命运更显多磨。哈兰·山德士在六岁的时候，他的父亲去世，"穷人的孩子早当家"，哈兰·山德士作为家中的长子，自觉担负起照顾弟弟妹妹的重任，在母亲外出务工的时候，哈兰·山德士为更加年幼的弟弟妹妹做饭，他还自学烹饪，小小年纪就学会了做20道菜，成了远近闻名的烹饪能手；1930年，40岁的哈兰·山德士在美国肯塔基州开了一家加油站，由于当时前来加油的人很多，看着长途跋涉的人一副饥肠辘辘的样子，哈兰·山德士心想，何不发挥自己的烹饪特长，为大家做些饭菜，顺便多赚点钱呢！于是，哈兰·山德士推出了自己的特色食品，就是后来闻名于世的肯德基炸鸡的雏形，结果受到客人的热烈欢迎，后来，很多人甚至不是为了给汽车加油前来，而是为了品尝哈兰·山德士做出的炸鸡。于是，哈兰·山德士在加油站对面开了一家餐厅，专营他的拿手好菜炸鸡；这期间，哈兰·山德士还研究出了炸鸡的特殊配料（含11种药草和香料）。然而，在1939年，由于美国的政策原因，哈兰·山德士的加油站和餐厅被迫先后关闭，这使他陷入破产的窘境，为了生活和东山再起，哈兰·山德士开始兜售炸鸡配料以及开展特许经营模式；1952年，在被拒绝1009次后，终于有一家饭店同意加盟哈兰·山德士的特许经营，于是，第一家被授权经营的肯德基餐厅建立；1955年，哈兰·山德士成立肯德基有限公司，在这一年，他接受一家电视台脱口秀节目的邀请，65岁的哈兰·山德士穿着白色的棕榈装，戴上自己多年的黑框眼镜第一次出现在电视节目中，他的这个形象便形成了肯德基的知名店招形象。截至2014年，肯德基在全球已拥有约1.8万家分店，其中在我国的分店超过4600家。

　　其实，在麦当劳与肯德基的发展中，都采用了"加盟连锁店"的方式，从而推进快餐业务的迅速发展。当然，两者在"加盟连锁店"方面的做法有些不同。麦当劳主要采取全球直营店和加盟店的做法，其中，特许经营的"加盟连锁店"业务是麦当劳主要的净利润来源。在麦当劳的特许经营中，麦当劳从中获取的门店租金收入又往往高于特许权使用费收入，比如，在麦当劳2012年的财报中，在其特许经营业务89.64亿美元的营业收入中，其中门店租金高达58.64亿美元，而特许权使用费为30.33亿元，门店租金收入远超真正意义上的特许权使用费收入。正是因为这样，麦当劳的创办人雷·克洛克才表示："其实我不做汉堡包业务，我的真正生意是房地产。"具体来说，麦当劳有专门的地产公司负责寻找适合的开店地点，然后通过长期承租或购进土地和店面，再把店面租给各加盟店，从而赚取差价。

相对来说，肯德基在我国的特许经营方式采取"不从零开始"的加盟政策，也就是说，肯德基先将自营的门店整体转让给符合条件的投资商，并允许其继续使用肯德基的品牌经营，从而免去了加盟商开业准备期大量的烦琐工作，使得其能够非常顺利地接下肯德基连锁店的生意，避免了加盟者从零开始摸索。在具体转让时，肯德基的房产租赁费用，需要加盟者在转让前一次性缴纳。

另外，尽管麦当劳与肯德基经营的快餐品种越来越丰富，但是两者在侧重点方面还是有所区别的，比如，麦当劳侧重于汉堡包，肯德基侧重于炸鸡，这从肯德基的名称中就能看出——肯德基英文名称缩写为KFC，全称Kentucky Fried Chicken，汉译为"肯德基炸鸡"。

某种程度上来说，麦当劳与肯德基在经营上具备一定互补性，所以才使得两者经常在现实中"扎堆"开店，看似两者存在竞争关系，却又都销量不低，获得共赢，从而使得两者形成了竞争与共赢之间的一个平衡点，并在潜移默化中形成一个商圈。

总的来说，麦当劳与肯德基的快餐产品可谓常见，但是两者能将极其常见的快餐产品做成世界知名品牌，并把产品推及全球范围，在这之中，麦当劳与肯德基在特许经营、执着进取以及在竞争与共赢中寻求平衡点等做法是值得我们学习和借鉴的。

市场，最终检验产品成败

产品源于市场需求，并借由技术的手段形成产品。对于任何企业来说，产品必然会涉及"投入"与"产出"两个重要的概念，产品在研发阶段往往要靠成本投入，在产品诞生后，企业就要通过对运营环节的掌控产出效益，只有这样，产品的迭代与优化才具有可持续性，也才能实现产品"源于需求、用于需求"的圆满闭环。所以，身为产品经理，要对产品的整个生命周期负责，基于此，再优秀的产品，如果在市场运营环节乏力，就相当于让产品输在了到达用户手上的"最后一公里"，就难以称为"成功"。

比如说，世界著名的贝尔实验室，成立于1925年，曾在全球范围做出过众多重大的发明创造，包括晶体管、激光器、太阳能电池、数字交换机、通信卫星、蜂窝移动通信设备等，据统计，贝尔实验室共获得2.5万多项专利，有11位从贝尔实验室走出的科学家获得七项诺贝尔物理学奖，贝尔实验室还获得九项美国国家科学奖等奖项。然而，就是这样一个罩满光环的科研机构，却在成立83年后，即2008年时，被其所有者阿尔卡特—朗讯不得不出售给一家房地产开发公司，并计划将其改建为商场和住宅楼。造成贝尔实验室被出售的原因主要有两个，一是贝尔实验室高昂的研发投入几乎完全依赖于其母体企业的投入，当其母体企业在经营上遭遇挫折、面临经济困难时，自然难以满足贝尔实验室需要的研发经费；二是贝尔实验室的研发方向定位存在问题，在贝尔实验室，长期以来，研发人员很大程度上是"为研发而研发"，忽略了与市场对接，这使得贝尔实验室的很多研发成果没有在市场上取得相应的经济效益，很多研发成果一被研发出来，就搁置一边，然后继续研发，严重缺乏产品经理的思维。由于贝尔实验室的很多研发产品缺少了"市场化"这一环，从而使其未能给母体企业带来直接的经济利益，久而久之贝尔实验室的"研发"行为甚至成为母体企业的一大"负担"。在这种情况下，贝尔实验室的衰落是有其必然性的。

假如说，贝尔实验室在当时能够及时地引入若干"产品经理"制度，使得每一项研发投入均有针对性，重视投入与产出，显然有利于贝尔实验室将产品研发转化为生产力，从而使得贝尔实验室的生命力更旺盛，或许可以避免2008年被出售的命运。以贝尔实验室如此雄厚的实力在不重视市场运营的情况下，尚且会被市场淘汰，那么，对于很多企业来说，更应该对产品运营充满敬畏，用心做好产品运营，切勿再蹈在市场上"折戟沉沙"的覆辙。

诚然，产品的成败与其品质有着重要的关系，但是运营环节也是不容忽视的。我们在此不妨举一个生活中的例子：有一家饭店，店老板做出的饭菜非常好吃，但是这位店老板在说话方面非常欠缺，这直接影响到了饭店的经营，比如，这位店老板在说话方面经常得罪前来就餐的顾客，使得很多顾客再也不愿意来他这里就餐；在附近还有一家饭店，尽管这家饭店做出的饭菜没有前者做出的饭菜味道独特，但是也有自己的特色，该饭店老板在经营饭店方面颇有办法，让顾客一进入饭店就会觉得如沐春风，久而久之，很多顾客就常到这家饭店就餐，再加上饭店老板根据顾客的建议不断改进烹饪方法，使得其做出的饭菜名气也是越来越大。

从上面的例子中可以看出，前一个饭店老板不太擅长运营，从而使得其做出的饭菜尽管颇有独到之处，却无法在市场上充分地发挥出优势来；后者由于擅长运营，不仅在市场经营方面取得效益，也促进了其产品（做出的饭菜）的迭代优化与品牌传播。

可见，在产品的生命周期中，产品运营起着巨大的作用。可以说，当产品效果与用户需求一致的时候，产品能否最终获得成功，是靠运营出来的。举例来说，我们在生活中会看到很多出色的产品，尤其是移动互联网产品，如"滴滴打车""快的打车""美团网"等，这些APP产品已经做得很出色，却为什么仍要不惜斥费重金地在线上和线下进行推广？这其实就是在进行产品运营。在当今时代，从技术上来说，每种产品的技术优势都难以持久地"一家独有"，技术同质化是一个大趋势，在这种情况下，我们就要通过运营环节取胜，抢先占领市场，形成客户在使用方面的惯性，在这种情况下，产品再向一个新的层次迈进，在一定程度上甩开竞争者的追赶。

实际上，如果一款产品在市场运营环节遭遇挫折，即便其具备先发优势，那么随着时间的推移，这种先发优势也会渐渐丧失。所以，产品经理一定要把握好产品运营环节。

第七章

生命周期：产品战略思维

产品有"出生"，往往也有"死亡"，比如某些产品在市场上消逝"踪迹"、不再有人销售等。当然，有些个别现象除外，如"四大名著"系列的经典著作，以及其他形式的艺术作品等，可以穿越岁月的浩瀚时空，堪称"不朽"。它们可谓超越了常规意义上"产品"的概念，而升华为人类的某种文化遗产。我们暂不论此，我们主要阐述常规意义下产品的"生命周期"。可以说，任何产品均有其生命周期，产品经理不仅要关注产品生命周期中的某个或某些环节，还需要高屋建瓴地从整体视角把握产品。

产品经理，请站得高一些看产品

　　人生漫漫，若站在一定高度俯瞰人生，就会感到人生宛如一条区分不同阶段的"线"，这条线逶迤向前，我们平时说"有生之崖"，这本身就意味着人生有起点，也有终点。同样，产品经理从产品的孕育、成形、萌芽到成长，以及退出市场或再生等方面来看，产品也是有其生命周期和使命的。正如人生到世上肩负着不同的使命那样，任何产品也有自己的"使命"。完成了使命，就是成功的产品；没有完成使命，就难称"成功"，或者说是失败的产品。

　　基于此，产品经理站得更高一些看产品，有助于让你更好地把握工作的重点，规避不必要的弯路。一般来说，在产品的生命周期中，产品在市场上销售的时间越长、销量越大、销售额越高、盈利能力越强，那么产品的生命力就越旺盛，也是产品在其生命周期中最为实际的部分。这段时间也往往是产品生命周期中的"黄金季节"。

　　总而言之，产品的生命周期主要包括五个阶段，分别是产品研发、市场引入、成长、成熟与衰退。我们接下来详细了解相应阶段的策略。

1. 产品研发期

从分析用户需求、进行产品设计，直到产品研发成功的时期，为产品研发期。在这个阶段，产品的销售额为零，企业持续对产品进行投资。在这个阶段，产品经理务必要做好产品定位，确保产品质量过硬，使得产品与用户需求相一致。

2. 市场引入期

这是指新产品试制成功到进入市场试销的阶段。在该阶段，由于消费者对产品还比较陌生，企业需要通过各种促销手段把商品引入市场，力争提高商品的市场知名度。此时，企业营销的重点主要在促销和价格方面。具体来说，企业在该阶段可供选择的市场战略有四种：

一是低价快速策略。也就是说，在采用低价格的同时，做出巨大的促销努力，从而使产品迅速进入市场，有效限制竞争对手的出现，为企业带来巨大的市场占有率。一般来说，低价快速策略适合这些市场环境：产品市场容量较大，企业可以通过"薄利多销"来稀释成本；消费者对价格非常敏感，只要降价就会引起消费者的购买兴趣；潜在的竞争比较激烈。

二是缓慢渗透策略。也就是说，在新产品进入市场时采取低价格，同时不做大的促销努力，其中，低价格有助于市场快速地接受产品，低促销可以使企业减少促销费用开支，从而降低成本，以弥补低价格造成的低利润或者亏损。

三是高价快速策略。也就是说，在采取高价格的同时，配合大量的宣传推销活动，把新产品推入市场。其目的在于抢先占领市场，并希望在竞争还没有大量出现之前就能收回成本，获得利润。适合高价快速策略的市场环境有：潜在的市场需求量较大；产品的品质高，功效比较特殊，其他产品无可替代；企业面临潜在的竞争对手，抢先以高价格获得市场价格上的主动权。

四是选择渗透战略。也就是说，在采用高价格的同时，只用很少的促销努力，其中，高价格是为了能够及时收回投资、获取利润，低促销可以减少销售成本。

3. 成长期

这是指新产品试销取得成功以后，转入成批生产和扩大市场销售额的阶段。在该阶段，由于越来越多的消费者接受并使用产品，企业的销售额显著上升，利润增加，在这种情况下，竞争对手也会随之跟进，包括模仿产品或营销模式等，从而威胁企业的市场地位。

对此，企业的营销重点应该放在保持并且扩大自己的市场份额，以及加速促进销售额的上升方面。另外，企业还要注意成长速度的变化，一旦发现成长速度由递增变为递减时，就要适时调整营销策略予以改进。具体做法有：促进企业基本建设或技术改造，以适应产品需求量迅速增加的市场状况；改进产品质量与包装，体现出产品特色；进一步做好市场细分，对市场开始精耕细作；充分利用价格手段，必要时降低价格以增加竞争力等。

4. 成熟期

此时，产品被大批量生产与进入市场，市场成长趋缓甚至接近饱和，市场进入激烈竞争的阶段。在该阶段，对于一些在市场竞争中明显处于弱势或不符合企业发展方向的产品，应该果断放弃，以节省费用开发新产品；同时，还要注意充分挖掘原有产品的潜力，比如，有的产品就是由于二度开发具备了新用途或新功能而重新焕发生机的。

在该阶段，企业要努力开发新市场，以保持和扩大自己的市场份额；同时对产品的品质、特性、式样等方面进行改良，以提高销量。此外，企业还可以采取营销组合策略，比如降低售价、改变广告方式、附赠礼品、改进服务方式等，以进一步刺激销售。

5. 衰退期

这是指产品逐渐老化，转入更新换代的时期。当产品进入衰退期时，企业既不能简单地"一弃了之"，也不能"恋恋不舍"，继续维持原有的生产和销售规模，而是深入研究产品在市场的地位，然后决定是继续经营还是放弃经营。企业在这方面的做法有：维持策略，由于这一阶段会有不少企业选择退出市场，这时企业要分析市场需求状况，采取降低成本、增加产品功能、改进产品设计等手段，在市场上维持现状，往往仍会有足够的销量和利润；缩减策略，即企业依旧继续经营，同时降低营销费用，将节省下来的费用转移到其他细分市场方面；撤退策略，即企业决定放弃经营某种产品，撤出市场等。

总之，由于产品经理要对产品整个生命周期予以关注，因此，我们通过了解在产品不同阶段采取相应的策略，有助于我们跳出局部看整体，从而更好地经营产品。

企业外部环境之PEST分析

雷军有句名言："创业要大成，一定要找到能让猪飞上天的台风口。勤奋、努力加坚持等等，这些只是成功的必要条件，最关键的是在对的时候做对的事情。"这就是后来被人们总结出的、津津乐道的一句话：只要站在风口上，猪也能飞起来。

可是，产品经理如何才能知道自己是否"站在风口上"呢？这就需要产品经理具有一定的战略思维，对自己所处的"势"进行分析。比如，小米手机为什么能在市场上迅速取得成功？其实，这与雷军把握住了"势"有着很大关系。

比如，雷军在2011年10月，用互联网方式推出小米手机时，当时正值我国移动互联网发展的关键一年。在这年，我国手机网民已超过三亿人，Android操作系统异军突起，苹果手机获得空前成功，令无数用户"痴迷"的iPhone 4刚发行一年，老牌"手机帝国"诺基亚正在被苹果和三星超越，诺基亚放弃使用多年研发的Symbian系统，转而与微软合作研发Windows Phone操作系统，我国国内智能手机顿失"霸主"，呈现很多手机厂商"混战"的态势。同时，尽管iPhone 4在我国热销，但是iPhone 4的价格很高，并非当时的一般用户能承受得起的，在那时，使用iPhone 4几乎成为"炫富"的表现。当时，市场上有无数年轻人做梦都希望花低端机的价格，买到像iPhone4那样配置的高端机。

所以，在这种情况下，如果有哪家企业生产的手机满足这样的条件，而且又借助微博等风头正盛的移动互联网媒体，可以说取得市场成功的可能性是很大的。

正是在这样的情况下，雷军组织团队通过研发攻关，推出了小米手机。果不其然，小米手机一经推出，就在这种旺盛的市场需求面前被一再地"抢购"而空。

可见，作为一个产品经理，如果要做出超级畅销的产品，就需要研究企业的外部环境，顺应大趋势，就一定会拥抱大市场。

一般来说，在对外部环境进行分析时，我们通常会使用PEST分析法。其中，PEST是四个英文单词的首字母，分别是Politics（政治）、Economy（经济）、Social（社会）和Technological（技术）。PEST分析就是企业要对这四种外部环境所带来的机会和威胁进行分析，从而更清楚地了解自己所处的外部环境。

我们接下来就详细价绍下PEST分析。

1．PEST分析之P——Politics（政治）

这是指企业所处的外部政治法律环境。它主要包括企业所在地的国体与政体、政治局势、方针政策，以及当地的法律、法规等因素。

举例来说，美国早在其建国时期的《权利法案》中就规定："……人民持有和携带武器的权利不受侵犯。"此后，美国宪法又对民众"有权合法持有枪支"予以了确认。据统计，美国每年售出400万把枪支（全美国共计约2.8亿把），40%的家庭至少拥有一把枪，这使得美国拥有很多研发与生产枪支的企业，这些企业甚至可以在街头开店销售枪支。在美国，这种依法开店营业销售枪支的军火商是合法的，但对禁止个人持有枪支的国家来说，则是严格禁止的。

因此，不同的政治法律环境，决定了有些产品与商业贸易并非在每个国家和地区都可以开展与通用。

2. PEST分析之E——Economy（经济）

这是指企业所处的外部经济环境。它主要包括GDP（Gross Domestic Product，国内生产总值）、财政货币政策、通货膨胀、居民可支配收入水平、货币汇率、市场需求等因素。

举例来说，我们在一些经济发达的一线城市可以看到不少奢侈品销售店，这是因为一线城市的整体经济发展水平较高，得以支撑奢侈品市场，相反，对于处于偏远地区的不发达乡村来说，显然难以符合奢侈品所需的外部经济环境。

3. PEST分析之S——Social（社会）

这是指企业所处的外部社会环境。它主要包括人口规模、年龄结构、文化素质、语言文字、人口分布等因素。

举例来说，国内曾有一家航空公司，在其印制的机票上全部采用英文，以至于不少国内乘客看不懂买到手的机票，最后乘客起诉该航空公司侵犯其"知情权"，并以航空公司的最终败诉而终结。在这里，航空公司设计机票时，显然忽略了我国的汉字环境因素，后来，该航空公司在机票上采用中英文双语，才平息了乘客的不满。

4. PEST分析之T——Technological（技术）

这是指企业所处的外部技术环境。它主要包括社会现有的科学技术水平等因素。

举例来说，我们希望从北京坐火车迅速赶到深圳，甚至巴不得几分钟内就能赶到，但是这种用户需求要结合现有的科技发展水平，如果现有的科技发展水平尚不足以支撑和实现，那么这种用户需求就难以转化为产品需求。

总之，我们通过PEST分析对企业所处的外部环境有了比较清楚的认识后，接下来，我们再看企业怎样结合内外因素进行自我剖析，就能使我们明确企业的市场处境，以采取正确的策略。

企业内部环境之SWOT分析

SWOT分析法是一种比较常见的、用于企业内部分析的方法，通过SWOT分析，有助于将公司的战略与公司内部资源、外部环境有机地结合起来，从而使企业做出最适合自身特点的决策。

其中，SWOT可以分为两部分：一部分是内部因素，即Strength（自身的优势）、Weakness（自身的劣势）；另一部分是外部因素，即Opportunity（外部的机会）、Threat（外部的威胁）。在SWOT分析中，我们可以从中找出对自己有利的、值得发扬的因素，以及对自己不利的、要避开的因素，发现存在的问题，找出相应的解决办法，并明确以后的发展方向。在此基础上，我们可以将问题按照轻重缓急进行分类，然后从中得出一系列相应的结论，从而便于我们做出较正确的决策和规划。我们接下来看产品经理如何在工作中运用SWOT分析法。

一般来说，产品经理会经常将SWOT分析法用于产品分析和竞品分析中，比如将本产品的优势、劣势，以及竞争产品的优势、劣势，还有用户的需求、市场的变化等罗列出来，然后进行统一分析。具体步骤如下：

1. 内部条件分析（SW）

其中，优势是指组织机构内部的优势因素，包括充足的资金、有影响力的品牌、雄厚的技术力量、具有成本优势等；劣势是组织机构内部的劣势因素，包括设备老化、管理混乱、缺少关键技术、资金短缺、经营不善、产品积压等。通过自身优劣势分析，便于我们对自己有一个清楚的认识。

2. 外部条件分析（OT）

其中，机会是组织机构外部的积极因素，包括市场上出现了新的用户需求，竞争对手出现失误，国外市场壁垒解除等；威胁是组织机构外部的消极因素，包括市场上出现了新的竞争对手、客户偏好改变、行业萎缩、替代产品增多、政策变化、突发事件等。通过对外部条件进行分析，可以使我们"知己知彼"，对自身及外部条件有个清醒的认识。

可以说，SWOT分析是一种系统思维，有助于我们考虑问题全面，并且把对问题的"诊断"和"开处方"紧密结合在一起，从而使其条理清楚，便于检验。我们接下来通过下图所示来了解基于SWOT分析做出的几种策略。

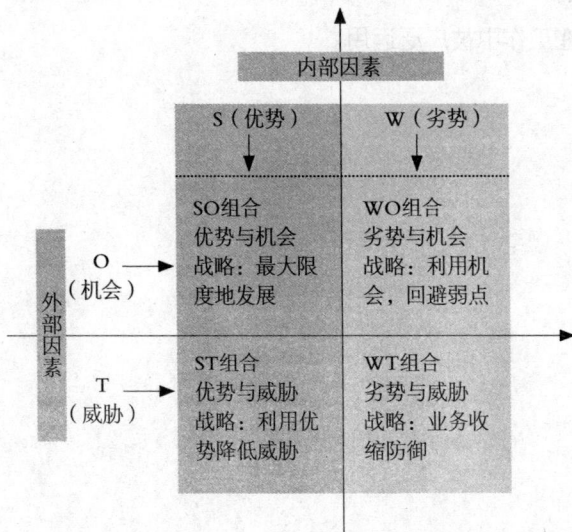

图7.1　SWOT分析示意图

在上图中给出了SWOT分析得出的四种不同类型的战略组合。其中，SO（优势与机会）是一种增长性战略，企业可以充分利用内部优势和外部机会进行发展，比如公司内部在某一领域具有绝对优势，而且这一需求已经成为用户的痛点，或非常受资本市场的青睐，那么我们就可以采取这一策略；WO（劣势与机会）是一种扭转型战略，我们可以利用外部机会来弥补内部劣势，例如，现在很多有实力的大型互联网公司相继推出了开放平台产品来吸引中小开发者，达到合作共赢的目的，对于中小开发者来说，推广与渠道往往是其弱点，如果充分利用大公司开放平台的机会，就便于自己开发出的产品的推广；ST（优势与威胁）是一种多种经营战略，企业可以利用自身优势，尽量规避外部威胁，比如企业之家进行收购、合并等措施，就以通过增强自身抵抗力来应对外部威胁；WT（劣势与威胁）是一种防御型战略，企业在某一领域或产品中不存在任何优势，而且存在一些劣势和威胁的时候，通常会采取这种防御战略。

总的来说，SWOT分析法有助于让企业综合内外因素，尤其是在认清自身内部环境方面，起到了积极的作用，有利于企业做出适合自身特点的策略，因而在工作中被广泛运用。

给产品换个"土壤"，会"活"得更好

在中国通信发展史中，小灵通曾经扮演过重要的角色，并给无数人留下过深刻的印象。小灵通的学名叫PHS，全称Personal Handy-phone System，译为"个人手持式电话系统"，是一种无线本地电话技术，被认为是固定电话在移动通信领域的眼神，它在传入我国后才取名"小灵通"。

小灵通技术最早由日本研究成功，1995年，日本国内推出小灵通服务，但推出不久，由于其覆盖范围窄、漫游能力弱，在日本大受限制，小灵通在日本的市场占有率也逐渐下降，同时随着GSM（Global System for Mobile Communication，全球移动通信系统，支持全球漫游）技术在全球的普及，以及从1998年起世界范围内3G（3rd-Generation，第三代移动通信技术，数据传输速率可达几百kbps以上）研发项目启动，小灵通所占据的频段（即1.9GHz频段）又正好与3G所需的频段相冲突，这使得小灵通技术在日本刚推出不长时间，就面临着被GSM技术取代，使得小灵通技术在日本迅即成为一种即将被淘汰的技术。几乎与此同时，我国的电信业也正在发生着巨大的变化。

1996年，从原中国电信中拆分出了中国移动，即俗称的"中国移动和中国电信分家"。由于中国移动拥有优质的移动通信业务，又赶上中国手机发展的大浪潮，中国移动的市场占有率不断飙升；另外，中国移动和此前在1994年成立的中国联通，又在国内加速建设通信基站（指在一定的无线电覆盖区中，通过移动通信交换中心，与移动电话终端之间进行信息传递的无线电收发信电台）。相比较来说，中国电信当时只有固话和网络业务，缺乏利润新增长点，增长乏力，想发展无线通信业务却又未被颁发无线通信牌照。

就是在这样的情况下，中国电信浙江省余杭市（现为余杭区）电信局的某领导去日本考察，看到当时的小灵通，认为在中国会有市场，于是和UT斯达康公司（由中国留学生创立，总部位于美国硅谷）的总裁吴鹰合作，将小灵通引入中国。没想到的是，在日本即将被淘汰的小灵通，换了一个"土壤"到中国后，却焕发了蓬勃的生机，UT斯达康公司总裁吴鹰也借由小灵通业务实现了商业上的成功。

1998年1月，当时的浙江省余杭市正式开通小灵通，与当时采用接打双向收费的中国联通和中国电信相比，小灵通实行单向收费，拨打电话按照固话资费标准，接电话免费，小灵通正式进入中国市场。由于小灵通资费相对较低，而且低辐射，在市区内通信信号较好，使得小灵通在我国快速发展起来。

2002年8月，我国小灵通用户数量超过600万；2003年9月，UT斯达康宣布，小灵通用户数突破1500万；2004年4月，中国大陆小灵通用户总数突破4700万；2005年9月，中国大陆小灵通用户数达到8127.5万；2006年10月，中国大陆小灵通用户数达到历史顶峰的9341万。

在这期间，UT斯达康公司凭借小灵通业务在中国市场的成功，于2001年3月在美国纳斯达克成功上市；2006年5月，UT斯达康公司入选"2006年中国软件收入规模前100家企业"，排名第四，同年11月，UT斯达康公司总裁吴鹰入选由世界杰出华商协会、中国商业联合会推出的"全球华商影响力100强"榜。

虽然此后随着3G技术的兴起，小灵通的发展在我国日益受到限制，并最终于2014年彻底退出市场，但是，在小灵通长达十几年的畅销中，的确创造了财富传奇。对此，华为总裁任正非由于当时觉得小灵通是"国外淘汰的技术"，并没有把精力放在小灵通上，结果，看到小灵通在我国巨大的市场需求后，不由得总结了一个道理："低科技"的产品，未必没有旺盛的市场需求；如果存在用户需求，"低科技"的产品同样可以畅销并获利。

总之，当一种产品在一个市场即将被淘汰、退出市场时，我们不妨将其放入另一个市场环境，或许换了"土壤"后，可以延续该产品的"生命"，甚至使其呈现辉煌。在这方面，小灵通可谓是一个典范。

进退有度，让产品再获新生

在当今互联网时代，产品大致有两个发展方向，一个方向是功能高度集成。一款产品可以尽可能多地满足人们的各项需求，比如智能手机，除了其最基本的接打电话、收发短信功能，还可以在手机上安装各种APP软件，常见的有即时聊天软件、影视娱乐APP、移动电商APP、地图类APP、以及互联网金融类APP……数量之多，可谓难以计数。可以说，人们用手机可以拍照、在线购物、在线炒股、在线理财、查阅公交线路、在线通过多媒体方式进行交互等，我们在前面曾经提到"大而全"的概念，现在的智能手机，所能满足的需求和具备的功能数量就是"大而全"的典型表现。

另一个方向是功能高度专业而单一。举例来说，随着智能手机的广泛普及，而且摄像头几乎成为每一款智能手机的标配，这使得每部智能手机均有了"数码相机"的功能，仿佛数码相机在市场上已经没有了"存在"的必要，然而实际上，仍然有很多人购买数码相机，一些数码相机厂商也"活"得很好，甚至市场上一些数码相机的售价比普通智能手机还要贵很多。这里面的一个重要原因，是由于数码相机在智能手机普遍具有"拍照功能"形势的逼近下，采用了功能高度专业而单一的竞争策略，即只做相机这一种产品功能，并把这个功能做得无与伦比，从某种程度上来说，这体现了我们前面说过的"小而美"的思想，在核心功能数量上非常小，但却做得非常美。比如，尽管智能手机上的功能数量堪称"大而全"，但是正因为功能太多，才削弱了人们关注的一些功能的专业度；而数码相机满足的就是用户对拍照专业度的要求。所以，在智能手机来袭的情况下，数码相机靠着这种"金刚钻"一般的专业度，存活了下来。

其实，在我们的成长经历中，经历过不少产品的兴衰过程。举例来说，曾经风光一时的胶卷相机、采用录像（音）带的录像（音）机、BP机（又称"寻呼机"）、收音机、MP3、MP4等，从原来在市场中随处可见，到现在退出市场或者小范围地存在，这些产品在其生命周期中可谓经过了一个兴衰历程。

那么，当一种产品面临市场上出现了替代自己的产品时，应该怎么做呢？

一是积极拥抱这种变化，将原有产品转型为新兴产品。比如说，我国智能手机兴起来后，国内原先生产传统手机的厂商立即转型生产智能手机，从而适应移动互联网的发展趋势。

二是继续捍守"老本行"，做到"人有我优"。比如我们前面提到的数码相机，并不是一看到智能手机上有了数码相机的功能，就赶紧也做智能手机，而是把相机这个单一领域做得高度专业，从而让一些对拍照质量有高度专业要求的单位和个人离不开自己。

三是审时度势地退出市场，但不忘发挥余热。举例来说，20世纪80年代中期到20世纪90年代中期，BP机在我国大受欢迎，销路非常好，当时生产BP机的厂商有摩托罗拉、松下等。BP机的使用原理是，如果A用户要找B用户，B用户却不在家里，但是B用户随身带着一台BP机，那么A用户就可以用固定电话打到传呼台，让传呼台给B用户留言，诸如"请速回电话"之类，B用户通过BP机收阅到A用户的信息后，再找公用电话给B用户回电话。后来，在20世纪90年代中期，我国出现了手机，我们可以看到，BP机的烦琐操作与不便，在手机面前几乎无优势，于是有条件的人开始使用手机，但是由于刚开始的时候，手机价格昂贵（动辄两三万元，这时的手机也很简单，体积硕大，俗称"大哥大"），BP机价格较低，所以BP机虽然已经有被取代的趋势，但是仍存活了一段时间，待到21世纪初时，随着手机价格大幅下滑，几乎在价格上与BP机不相上下，于是，BP机就再也无人问津。后来，中国联通干脆取消了BP机所依赖的寻呼台业务，意味着BP机彻底寿终正寝，一些BP机生产厂商也转而改为生产手机。比如，在BP机大行其道的时候，一些知名的BP机生产厂商培养出了品牌，在产品生存所依赖的大环境不复存在后，这些厂商就可以采取凭借之前形成的品牌优势与人们的使用惯性，采取以BP机折价换手机等方式，使得人们从BP机改用手机，但仍是延续同一个品牌厂商。

　　总的来说，在产品生命周期中，我们要进退有度，既要探究市场未来的、潜在的变化，让产品去适应这种新的变化，又要在产品不得不退出市场时，仍能像三国时期诸葛亮退兵那样有条不紊，从而让一个品牌的延续深深地扎根在用户的心中，而非突然"断层"般消失。

跨界转型，用新瓶装老酒

随着各行各业电子商务的崛起，我国很多依赖于传统销售渠道的商场、连锁店等实体店面大量关闭，不得不转型做电子商务。比如，截至2015年，在汽车电子商务的冲击下，曾经引人瞩目的汽车4S店大批关闭或歇业；世界零售巨人沃尔玛计划关闭30%的中国门店；著名商业连锁集团公司人人乐关闭18家门店，转型做拥有电商意味的社区超市；著名便利店连锁集团"7-11"仅在四川一省就关店近30家；世界快餐业巨头麦当劳计划在中国关店80家；世界著名零售企业乐购仅在山东就关闭六家商城等。其实，除了这些知名的实体企业在大批地关店，还有很多中小型以及个人开的实体店更是大量地关店。这其中的一个重要缘由，在于电子商务全面来袭，并且上演一种商务模式代替另一种商务模式的"时代大戏"，无论商家是否准备好了，都要在这个时代大势面前"接招"。

消费者需要的产品还是原来的产品，只是了解产品信息以及购买产品的渠道变了。如果各厂商还没有洞悉这种变化，还依靠原来的商务模式和渠道来运营，必然在市场上落败。原来的客户渠道在流向上发生变化，转而通过电子商务的渠道流溢，传统厂商却还固守在原来的"出水口"等客户来，甚至心情焦躁地抱怨客户越来越少，生意难做。其实不是客户越来越少，生意难做，而是客流渠道的方向变了。比如，在传统实体店生意惨淡时，国内电商巨头、阿里巴巴旗下的天猫商城仅在2014年的"双11"（即11月11日）当日就实现交易571亿元，这说明大量客户流向了线上电商，去光顾线下实体店的时间大为减少，但是客户需要的一系列商品还是原来的商品。

这就告诉我们，当产品上市销售后，假如遭遇销售惨淡的窘境，我们要看运营产品的渠道是否恰当而正确。在这方面，京东和苏宁易购给我们做出了榜样。

刘强东在1998年创立京东后，主要以传统实体店面形式销售光磁产品，后来在全国开了多家分店，刘强东在这种传统渠道中获得了较大成功，其个人财富也突破了1000万元，刘强东更是兴致勃勃地打算复制国内电子产品连锁巨头国美、苏宁的商业模式，在全国广设连锁店。然而，2003年，我国面临"非典"事件，实体店的生意几乎全部因为"非典"而受到影响，京东不得不暂时关闭了所有门店。在这段生意惨淡的日子里，刘强东在偶然的机会里，听说了电子商务，并且尝试做电子商务，竟然在网上做成了几笔生意。

这不由让刘强东意识到，电子商务通过较低的成本就能实现把产品销售出去的商业目的，一旦电子商务的基础设施（如物流、支付快捷性等）能够跟上，电子商务必然要胜过传统的实体渠道模式。于是，在2004年，刘强东开通京东网上商城，然后关闭京东在全国的所有实体店，转型做一家纯粹依靠网上销售的公司；京东在网上销售的产品，除了自己原先的光磁产品，后来渐渐扩大了产品范围，比如又销售服装、图书等产品。截至目前，京东已经发展成为我国最大的自营式电商企业之一。

另一个值得称道的由传统商业模式转型到电子商务的案例是苏宁。苏宁创办于1990年，最早经营空调销售，后来逐渐涵盖传统家电、消费电子、百货、日用品、图书等综合品类，2004年时，苏宁依据在传统实体店面卓越的销售业绩，在深圳证券交易所上市。然而，电子商务的全面来袭，让苏宁这样的老牌实体连锁企业感到了阵阵寒意，于是，在2005年时，苏宁网上商城上线，适应电子商务的新形势，开展网上销售；2009年，苏宁网上商城更名为现在为人熟知的苏宁易购，更大程度地整合了线上线下两种渠道。如今，苏宁易购已经位居我国B2C（Business to Customer，商家对顾客，一种电子商务模式）市场份额前三强。

在上述京东和苏宁易购的案例中，两者就是从传统商务模式跨入电子商务模式，或者同时脚跨两种商务模式，销售的产品还是以前的产品，或者在种类上有所增加。因此，有的时候，不要埋怨产品不好卖，或者怀疑是不是产品的生命周期到头了，关键是你的销售模式与方法要对路。

柯达："胶片帝国"之殇

2012年1月19日，成立130多年的柯达公司向美国破产法院提出破产保护申请和业务重组申请，一时间，曾经沸沸扬扬的"柯达破产"的传闻成为现实。此时的柯达，账面上有58亿美元资产，而负债却达68亿美元。曾经辉煌无限的胶片巨头柯达，就此走到了穷途末路。从传统胶片时代到数码时代，迟钝的反应速度、犹豫不决的战略转型，以及对旧产品生命周期终结的忽视，让柯达再次上演了一幕百年老字号巨型企业从兴盛到衰落的警示录。

柯达公司的创始人乔治·伊斯曼（George Eastman），他自幼家境贫穷，通过个人不懈的努力，乔治·伊斯曼通过此前在保险行业打杂、推销书架以及在一家银行工作，积累了一小笔钱。于是，他决定外出旅游，并买了一套照相器材。这套照相器材非常笨重，而且使用非常麻烦和不便，这不由让热衷于摄影的乔治·伊斯曼颇为扫兴。于是，他决定，要努力改进摄影器材，简化拍摄手续，让照相技术面向大众化。

于是，在1881年，乔治·伊斯曼在自己相关研究成果的基础上，成立了伊斯曼干版制造公司；1886年，乔治·伊斯曼研制出卷式感光胶卷，结束了此前用湿漉漉的、笨重易碎的玻璃片做照相底片的历史；1888年，乔治·伊斯曼推出了柯达盒式相机；1892年，乔治·伊斯曼把公司更名为伊士曼·柯达公司（即此后简称的"柯达公司"）；1895年，柯达公司开发出售价五美元的口袋式照相机并投放市场，立即轰动了世界，至此，乔治·伊斯曼先生的"让照相技术面向大众化"之梦变成现实；1900年，乔治·伊斯曼又开发出便携式布朗尼（Brownie）相机，人们出行时携带起来非常方便，彻底改变了人类出行时观察世界的方式，也催生出了一种新奇且利润丰厚的商业模式：虽然柯达大批量廉价出售自己研制的相机，但通过开发相机必需的胶片，以及相机的普及使用又需要使用胶片，使得柯达赚得盆满钵满。此后，柯达公司长期依赖这种商业模式运营，取得了辉煌的业绩，乃至于柯达公司迟迟不愿终结这种商业模式，不愿终结使用胶片的相机时代，哪怕是数码相机悄悄"革命"，也是能拖延就拖挺。

的确，柯达的产品与商业模式在那个胶片相机盛行的时代，记录了柯达的辉煌经历，并让柯达无处不在。比如，从1928～2008年，每一部奥斯卡最佳影片都是用柯达胶片拍摄的；1942年，柯达开发出全球第一款真正的彩色底片，进一步在世界摄影史上掀起一场彩色照片的技术革新；1966年，随月球轨道1号探测器进入太空的柯达胶卷，拍摄出了首张地球深空照片，这是人类首次从外太空拍摄地球的照片。

1975年，柯达研发出世界上第一台数码相机，彻底颠覆了摄影的物理本质，使得相机完全不再需要胶卷的支持，某种程度上来说为柯达长期畅销的胶片和相机挖下了"坟墓"，然而当柯达管理层看到这台数码相机后却说："干得很漂亮，但不要让任何人知道。"由于担心数码业务可能冲击柯达利润丰厚的胶卷业务，柯达把数码相机产品束之高阁。同在1975年，柯达已经垄断了美国90%的胶卷市场以及85%的相机市场份额，柯达胶片还曾一度占据全球三分之二的市场份额，从而使"柯达"几乎成了"胶片"的代名词。

比柯达研制出数码相机稍晚几年，1981年，日本索尼公司也研制出了数码相机，并进行市场推广；1988年，富士与东芝展出了合作研发的数码相机产品；此后，奥林巴斯、柯尼卡、佳能等公司也相继推出数码相机的试制品。1994年，柯达推出数码相机；1995年，卡西欧推出25万像素的低价数码相机，引发了数码相机市场的火爆，同年，佳能也正式推出数码相机。可以说，1995年正式拉开了相机数字化的序幕。随后，富士、柯尼卡、美能达、尼康、理光、康太克斯、索尼、东芝、三洋等近20家公司先后参与了数码相机的研发与生产，各自推出了数码相机。

其实在1995年时，柯达公司董事会也做出了"全面发展数码科学"的决定，然而在具体落实时，由于柯达在胶片市场仍有庞大的市场和丰厚的利润，因此仍将经营重心放在胶片市场上。实际上，到20世纪末，民用胶片市场的发展已经到达了顶峰，在顶峰之后，全球相机的主流市场明显向数码相机倾斜。比如，1999年，柯达民用胶片营业额为74.11亿美元；2000年，这一数字是74.06亿美元，柯达的民用胶片业务出现了负增长。

正是在2000年，数码相机在主流市场开始迅速普及。比如，对于曾经在2000年及之后照过相的人来说，可能会有比较清晰的记忆，那就是摄影师手中的相机不再用胶卷了，而是改用了数码相机。可即便如此，对于眼前利润丰厚的胶片业务，柯达仍是"一往情深"，在公司业务方面仍然侧重胶片业务。

直到2003年，柯达传统胶片业务的销售利润从2000年的14.3亿美元锐减至4.18亿美元，跌幅达71%。越来越"难看"的财报数字，以及利润的重跌，可谓惊醒了柯达仍然幻想通过销售胶卷来维持巨额利润的领导层。在这一年，柯达郑重决定，公司的业务重点将从传统胶片业务向数码领域转移，并且今后将不再向传统胶片业务进行任何重大的长期投资。然而，柯达长期在胶卷领域部属的生产线和资源，以及长期弱化数码相机的发展现状，还有其他竞争对手抢先进入数码相机市场的现状，又岂是柯达短时间内就能改正过来的！据统计，即便到了2006年时，在柯达的总营业额中，传统胶片业务的营业额仍占比高达69%，柯达由于积重难返而迟迟未完成向数码业务转型。同时，随着数码相机市场格局的划分，意味着柯达将随着胶片业务的没落而没落。

从柯达的兴衰之路中，希望每位产品经理汲取经验，做好新旧产品线的部署，勇于舍弃现有商业模式的利润诱惑，主动拥抱大势所趋的全新市场，抢占市场先机！

谈谈平台型产品的崛起

随着互联网时代的全面到来，互联网产品可谓层出不穷，对社会影响也越来越大，所以，我们在此主要探讨互联网应用思想的变迁情况。同时，由于互联网已经同各行各业高度融合，因此，我们从互联网应用思想与模式的变迁中，也可以在一定程度上了解其他行业演进的过程。

总的来说，人们对互联网的应用主要经历了从内容，到产品，再到平台化的过程。在互联网普及的历程中，从万维网（又称"WWW"，全称为"World Wide Web"，是一项可以让浏览器访问服务器网页的一项互联网服务）的发明者蒂姆·伯纳斯-李（Tim Berners-Lee）在1991年建立第一个网站以来，互联网在民用方面的应用与普及显著加快了速度。

从根本上来说，互联网是一种信息技术，其本质基因在于加速信息的流通，让沟通更加便捷与通畅。为此，在互联网发展早期，首先要解决有信息可以传播的问题；再者，用户对互联网还比较陌生，这就使得互联网内容主要靠网站运营者主导编辑与产生。在该阶段，涌现出的互联网企业主要是一批门户网站，用户使用互联网的方式，也主要是登录门户网站，点击网站中相应板块的内容来浏览。相对来说，这个阶段的用户，主要处于互联网的"旁观者"角色，几乎完全将互联网作为便捷地了解信息的一个窗口，用户主要是从互联网上接受信息。

在该阶段，门户网站仍然延续着传统媒体的信息传播模式，即采集新闻、编辑筛选、传播分发，只是相对于传统媒体来说，互联网在传播信息方面，内容更加丰富，传播方式更加快捷而灵活。此时，门户网站作为一种信息传播方面的新生事物，迅速受到人们的追捧，也获得了快速的发展。举例来说，我国早期的门户网站，如新浪、网易、搜狐曾同于2000年在美国纳斯达克上市，一度引领风骚。

在互联网应用过程中的上述阶段，网站内容主要由网站主导生成，用户只是将互联网作为一种新形式的"媒体"，还主要处于"旁观者"和"浏览者"的角色，尚未主动参与互联网内容的生成与传播，所以，我们通常将上述阶段中互联网的应用模式称为"web1.0"。

随着互联网技术的演进与深入，普通用户也可以在网站中互动，甚至出现可以发布内容的互联网产品，如论坛、博客等。在这个阶段，人们意识到，我们除了被动地从互联网上接受信息，原来还可以主动在互联网上发布信息，参与互联网内容的生成，互联网完全可以成为被普通人使用和掌握的工具。人们在互联网应用思想上的变化，使得很多具有交互性特征的互联网产品纷纷涌现，以我国这阶段的互联网产品种类为例，主要有论坛、博客、微博、即时通信工具以及电商网站等。

该阶段的互联网具有的主要特征是用户参与网站内容的制造，更加注重交互性等，这个阶段的互联网应用模式被称为"web2.0"。其实，web2.0与web1.0的区别，最核心的还不仅仅是技术演进上的区别，因为任何技术都是为了达到某种应用的手段，两者的区别主要是人们在运用互联网时的指导思想得以发展，更加突出了人的因素在互联网应用中的主导性，而非此前认为的技术因素。也就是在这个阶段，各种互联网应用随之诞生，比较典型的是"网络营销"等手段，使得互联网成为人们手中一个可以掌控的工具。

紧接着，互联网技术日新月异，互联网也不断深入人们的生活，各种互联网应用在技术上得以高度整合，使得看似纷繁芜杂的诸多互联网应用信息可以有效地聚合在一个平台上，甚至能够实现不同上网终端的兼容，而且互联网上的信息传输技术变得更加坚固与安全，这就使人们意识到，我们可以将互联网打造为一个由自己主导的平台与生态环境，在这个平台上，我们能够尽可能丰富地满足人们的各项需求。

于是，这个阶段的互联网应用模式被称为"web3.0"。同样，web3.0与web2.0的主要区别，仍然不是技术方面的差异，因为在三代互联网应用模式的划分中，各代之间的技术具有交叉性，并无严格的分界线，主要区别于指导人们运用互联网的思想方面的创新。其实，我们平时所说的"互联网思维"，主要就是这种运用互联网的思想。比如，你是纯粹将互联网当作浏览信息的媒体（web1.0思维），还是将互联网当作可以为己所用的社交工具（web2.0思维），抑或将互联网视为一个平台来经营，建立一个以你为主导的生态环境（web3.0思维）？

一般来说，当你成功地打造出一个互联网平台时，那么在互联网世界中，你一定可以成为"一方诸侯"。比如说，很多互联网企业不断加速兼并与整合，其实就是出于打造好完善相应平台的需要。比如腾讯推出的微信，不仅仅是一个沟通工具，我们更可以通过微信转账、买卖物品、缴纳燃气水电费等，功能非常多，已经逐渐成为能够越来越多地满足我们生活需求的平台；再比如手机百度、手机支付宝等，也在不同程度地整合资源，不断完善自己的平台。可以说，如今做互联网产品，无不致力于做成一个平台化产品，有了平台，就能够掌控直达用户的渠道。

我们现在常听说的"互联网+"概念，其实也在凸显着以互联网为平台整合资源的思想。正是因为打造一个互联网平台的重要性，在当今风险投资领域才热衷于追捧平台化的互联网产品。举例来说，据统计，2015年，阿里巴巴仅在"双11"当日交易额就突破了912.17亿元人民币；2015年4月1日至2016年3月31日，阿里巴巴的交易额就突破了三万亿元人民币，这在我国各省份GDP排名中都可以排到第六名。其实，阿里巴巴之所以能够创造如此大的商业价值，一个极其重要的因素就是借助平台的力量。

　　总之，在当今互联网时代，平台意识与整合意识正在崛起，对于产品经理来说，把产品打造为某种"平台化产品"，将会突破你对产品的原有认识，从而使产品更具可塑性，并有一个更大的发展空间。

产品经理与产品的"命运"

作为产品经理，从产品需求分析到立项研发、生产，再到后期的运营推广等环节，全程都要主导或参与。实际上，我们从宝洁公司最早设立产品经理（当时称为"品牌经理"）的目的上就能看出，之所以设立产品经理，就是为了有专人对某个产品负责，对产品线进行精耕细作。正因为这样，甚至有人把产品经理称为所负责产品的"总经理"。由此可见，产品经理对所负责产品的重要性。毫不夸张地说，产品的"命运"如何，很大程度上与产品经理的工作相关，正可谓"成也萧何，败也萧何"。一款成功的产品，其背后一定有个出色的产品经理；一款失败的产品，也一定与产品经理难脱干系。

我们仍以互联网行业为例。其实，互联网产品经理与普通的产品经理对其负责的产品可谓有着一样的职责，这是由于形形色色的产品在其本质上是一致的，都是源于市场需求，又为了更好地满足市场需求。相比较而言，互联网产品具有更迭快、生命周期短的特征，比如，我们常用的一些APP软件，甚至常会每隔几天就要进行版本升级等。互联网产品的这些特征，决定了产品经理在互联网企业中的重要性，因为产品经理要更加密切地关注产品自身以及来自用户的反馈，所以，产品经理几乎直接决定了一个产品乃至企业的生命力。关于产品经理对产品的具体影响，我们可以参考下述三个方面：

1. 准确预测产品"该不该生，该怎么生"

产品经理必须调研市场、了解市场，在做产品策划之前，一定要对市场有充分的了解，包括分析消费者和竞争者，分析市场现状和产品潜力，决定产品是否应该立项，以及立项后具体应怎么操作，如何设计产品的功能点等。产品经理做好这些工作，可以避免产品"先天不足"。

举例来说，诺基亚曾经与英特尔研发MeeGo操作系统，本来希望让MeeGo取代之前的Symbian系统，从而能够让诺基亚像谷歌那样成为手机操作系统领域的领军者，结果，诺基亚通过巨资研发，终于让MeeGo"出生"后，却发现MeeGo并未达到预期的效果，于是诺基亚三年过后，便匆匆"遗弃"了MeeGo系统。其实，诺基亚在MeeGo系统上的失策，与诺基亚在MeeGo立项前的市场分析失误有关，因为Android系统在开源系统中已经树立"霸主"地位，很多手机厂商也纷纷投入Android系统的怀抱，在这种情况下，自认为"堂堂手机老大怎能向谷歌称臣"而一意孤行，这从某种程度上来说，是诺基亚的一种"舍近求远"，硬着头皮不用Android，硬撑到最后，失去了市场。当然，在诺基亚的衰落中，真正起作用与承担主要责任的"产品经理"应该是诺基亚中掌控产品线方向的高层，关于这方面的话题，我们已在前面有所述及，此处不再赘述。

2. 产品团队的核心人物

产品经理从来不是一个人在奋斗，如果你发现是自己"一个人在奋斗"，那么你的工作方式一定要调整，因为产品经理从来都是带领着团队在奋斗。为此，你要学会组建团队，懂得对团队进行激励，对团队成员进行合理分工，增强团队的凝聚力，保证产品开发进程顺利，保证产品质量。你只有带好团队，产品在"孕育"和"分娩"中才会少出差错。

3. 像父母一样关注产品成长

产品经理一定要对产品有感情，要把产品当作自己的孩子一般，关心孩子的成长与未来。当把产品推向市场时，产品经理要确切地清楚产品的卖点和消费者的买点在哪里，预测消费者会对产品做出怎样的反应，又该怎样去应对，如何持续地更新产品，让产品更受市场欢迎，以及采取什么样的渠道和方式去运营产品等。总之，产品经理要像父母一样为产品担忧，为产品尽心尽责。

有句俗话说得好，"父母会影响孩子的性格，而性格会影响孩子的命运"。同样，产品的孕育、出生与成长都与产品经理有关，产品经理同样会影响产品的"命运"。所以，产品经理，请善待你的产品！

第八章

产品经理的成长之路

毫不夸张地说，一个成功的产品经理，已经具备了创业的潜质。当然，创业有外部创业，也有"内部"创业，比如在企业内带领一个团队完成某项任务等。无论如何，产品经理要获得更大的、更激动人心的发展机会，需要具备一个前提，那就是积累足够的经验和理论知识，让自己获得成长。

从零起步，不畏开始

据调查，目前还没有哪个高校开设"产品经理"的专业。实际上，很多产品经理，包括一些"大牛""大神"级的产品经理，都是从零起步或从其他岗位上转岗过来的。以互联网公司为例，几乎任何岗位包括兼职，都可以转岗做产品。对此，哪怕是在经验方面"一穷二白"的"小白"，只要你敢于去敲开"产品经理"的门缝，勇于走进产品经理的行列，就意味着你在产品经理的职业生涯上迈出了重要的一步。

一般来说，产品新人入门要做好三个方面，分别是思维习惯的培养、工作技能的培养和逻辑思维的实战训练。其中，思维习惯的培养，是产品新人入门的基础，也是厚积薄发的根本；在工作技能方面，产品新人要学会使用一些原型设计工具、思维导图工具、流程图工具、项目管理工具以及常见的办公软件，要具备一定的团队管理能力；关于逻辑思维的实战训练，主要是应多参加项目实践，积累经验，总结和提高认识。

另外，产品新人要在一开始就对"产品经理"职务有正确的认识。比如，产品经理在工作时就是简单地指挥别人做事吗？不是的。产品经理在讲需求的时候，要把需求表达清楚，这取决于你的逻辑思维能力和表达能力；产品经理会在工作中遇到来自各个方面的挑战，比如开发、测试、设计师等都有可能提出相关问题，这需要产品经理具备权衡利弊、迅速做出决策的能力。产品经理需要动员团队的力量去完成一件堪称"伟大"的产品。产品经理需要对产品进行深入研究，为此需要不断地学习。

基于产品经理思维习惯的重要性，我们接下来从人体的六个器官功能来看如何培养产品经理的思维习惯。

1. 眼——看

首先是看书，但不是盲目地看，要辩证地、有选择地、分阶段地去读书。一般而言，每本书都是代表一家之言，我们在看书时就要结合实际辩证地看，不要盲从，正如我国儒家先贤孟子所说："尽信书则不如无书。"书的种类很多，而且一本书中的内容也会很多，对此，我们要有选择地去看，根据自己的职业规划和发展，分阶段地读书。在看书的过程中还要融入思考，将书中的理论应用到现实实践中，继而深化思维，让学习循序渐进。

其次是看行业动态。在互联网时代，信息可谓瞬息万变，比如，我们前几年还用着诺基亚手机好好地，可是没过几年就是iPhone、三星、小米等手机品牌争雄天下了，诺基亚手机已经难觅踪影或者少见了，所以，我们要多了解行业动态。同时，互联网时代信息丰富，一时泥沙俱下、真假难辨。为此，我们要分析信息的前因后果，不盲目地轻易相信，一旦对事物有了理性的、清醒的认识，就要迅速行动起来。

2. 耳——听

听同样是人类获取信息的重要途径。为此，我们要掌握倾听的艺术。对于产品新人而言，要尊重领导，其中的一个重要表现，就是注重倾听领导的安排。对于一个职业人来说，你在一个平台上的职业发展路程很大程度上取决于领导，你的工作也会受到领导的重要影响，所以，要端正态度，配合领导，帮助领导。只有领导不断地向前发展，你的发展才会更有保障。我们还要注重倾听用户的反馈以及团队的意见，从而发挥团队的整体力量，为用户提供最佳的解决方案。

在倾听中，我们要同时听取各方面的意见，并将这些意见进行归类，从中找到解决问题的关键部分，从而使问题迎刃而解。当然，倾听之后最重要的是行动，付诸实施。

3. 手——动

在人的学习中，动手非常重要。比如，某些操作步骤若纯粹去看和背诵，可能不好记，但是若动手操作一遍，就能更好地记忆下来，甚至还能对操作步骤进行优化。所以，我们平时要多调查用户需求，多画原型图、流程图，对于上线的产品要动手使用，反复从设计者、开发者、使用者等多个维度去辩证地分析产品，改进产品。比如，京东创始人刘强东在多次改进京东电商网站时，除了作为京东网站的最高负责人，他还从使用者的角度多次使用京东网站购物，从中寻找提升用户体验的方法。

4. 口——说

可以说，良好的沟通能力是产品经理所必需的核心能力，也是产品经理综合素质与能力体系的一个重要表现。为此，我们要能够清晰而无歧义地说明白自己对产品的想法，将用户的反馈意见准确地传达给团队，这就要求我们"听清楚再说""想清楚再说"，要组织好语言，多说有利于工作和团结的话。

5. 脑——想

"想"有助于培养一种逻辑思维能力，重在培养观察与思考事物背后的逻辑流程，包括从产品功能看到用户需求，从需求看到盈利模式等。为此，我们要培养独立思考而不盲从的习惯，同时，独立思考又要与他人的互动结合起来；要学会换位思考，从多个角度去思考同一个问题，才有助于我们对问题有更成熟的看法；还要学会发散思维，能够举一反三、由此及彼，从已知推理未知等。

6. 心——态

无论何时，我们都要有一种空杯心态，不骄不躁，不给自己设置心理负担，还要有较强的心理抗压能力，在做事方面积极而有分寸。

我们接下来以一幅图来描述上述六个学习方面的关系：

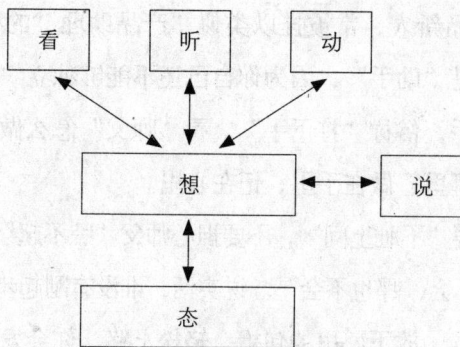

图8.1　六官能学习关系示意图

由上图可知，产品新人在学习过程中，良好的心态是保障思维培养的基础；"想"是核心，又与"看""听""动"和"说"存在互动关系，这表示我们平时在学习中要多思考，才能在工作上有更好的综合进步。

"不耻上问"，谁都有当徒弟的时候

　　刚入职的产品新人，常被挂以类似"产品助理"的称谓。所谓"助理"，很多时候是"助手"，因为你自己还不能够独立"上手"，所以要做"师父"的助手，俗称"打下手"。看"师父"怎么做、怎么干，自己看在眼里、听在耳里、做在手里、记在心里。

　　对此，我们要"不耻上问"，不要担心师父"瞧不起"自己，不要怕师父嫌自己"这也不会，那也不会"。说实话，谁没有刚起步的时候，谁没有给人当徒弟的时候，放下心里的包袱，轻松上路，你会发现路越走越宽！

　　在实际工作中，由于每个公司或团队对产品经理的定义都会有所不同，甚至在同一个团队里，在不同的阶段对产品经理的定义都会有所不同。因此，产品新人在学习方向上也会有所侧重。我们继续以互联网行业为例，来看基于下述职能而定义的产品经理：

1. 功能型产品经理

　　这主要是设计产品的功能。一般来说，刚入门或入门不久的产品经理，或者产品助理大多属于功能型产品经理。对于产品新人来说，通常只需要懂各种产品工作中相应的软件使用，以及各种产品模式的功能结构便可入门。其中，常用的工具类软件如我们前面提及的Office办公软件、思维导图软件、原型设计软件等；产品模式主要指B2C、O2O（Online to Offline，线上线下）、SNS等各类产品的功能结构和运作模式。

举例来说，一家公司需要做一个B2C模式的电子商务网站，这时，功能型产品经理的主要任务是要将B2C模式的功能与规划设计出来，暂且不用全局性地考虑产品的后续运营。所以，功能型产品经理更像是某个方面的技术专家。对于产品新人而言，刚入职时，大多会被安排做一些具体的事务性工作，类似功能型产品经理要做的工作，对此，产品新人要跟着领导好好学、用心做，打好产品业务能力上的基本功。

2. 运营型产品经理

这需要对产品进行全局性思考，负责产品的整体规划，能够独立完成产品策划，并且考虑产品的后续运营和拓展。我们经常说产品和运营"不分家"，可见运营型产品经理既需要考虑产品实现，还要考虑产品市场以及运营。

产品新人要过渡到运营型产品经理，需要具备丰富的行业知识的积累，不仅要懂产品、懂用户体验，还要懂市场、懂运营。为此，产品新人要多向领导和同事请教，切忌闭门造车，力争规划和设计出符合实际需求的产品。

3. 管理型产品经理

这已经倾向于行政意义上的管理者，具体职位如产品总监等。一般来说，管理型产品经理会对公司的产品线进行管理，沟通和协调公司资源，对接产品和业务，所以管理型产品经理有很强的战略思维和决断能力。

通常情况下，管理型产品经理会在大公司或者有多个产品经理的公司里出现，从而对产品整体负责与进行管理。可以说，要成长为管理型产品经理，不仅要具备功能型和运营型产品经理的能力，还要具备很强的团队与项目管理能力。对于产品新人来说，要积极地向管理型产品经理学习，不断扩展和强化自己在产品管理方面的能力与素质。

最后，我们再总结产品新人最容易犯的错误。这主要有两个方面：

第一，自以为是，闭门造车。我们鼓励独立思考，但是一定要建立在多听听别人意见和建议的基础上。有些产品新人入职后，浅尝辄止，以为自己对市场的理解最独到，结果影响了工作质量。

第二，急于求成。有些产品新人刚加入一个团队，想急于表现或证明自己，于是刻意追求"创新"，偏离了为用户、市场和工作而创新的要求，导致最后欲速则不达。

总之，产品新人在入职后，要谦虚谨慎，多学勤问善总结，一方面跟着带自己的老员工或领导学习，另一方面要在工作中勤思考，努力配合领导与同事一起做好工作。

工作中注重与伙伴们沟通

在产品经理的工作中，有效沟通起着非常重要的作用。为此，我们在工作中要培养有效沟通的意识与能力。

所谓有效沟通，是通过听、说、读、写等思维的载体，通过演讲、会见、对话、讨论、信件等方式准确、恰当地将自己的想法表达出来，以促使对方接受。可以说，产品经理在工作中做好沟通工作，无疑是各项工作顺利进行的前提。

一般来说，工作中的有效沟通，有助于我们准确地理解问题，提高工作效率，化解管理中的矛盾。

我们在工作中需要进行信息交流，很多时候，信息在交流中会受到人的主观因素的影响，尤其是同事们所处的位置以及年龄、教育程度等因素的差异，会使人们对信息的感知也大不相同。这不仅会影响工作效率，甚至会破坏工作气氛。因此，有效沟通有利于提高工作效率，营造良好的工作环境。

另外，有效沟通还有利于我们透过问题表面认识问题的本质。这是因为，个人与个人之间、个人与团队之间、团队与团队之间开展积极、公开的沟通，从多角度看待一个问题，会有利于产品经理统筹兼顾、未雨绸缪，通过从表象上看到、听到、感觉到的结果，再经过理性分析，从而把握解决问题的实质。

那么，我们该如何培养有效沟通的能力呢？具体可以参考下述几个方面：

第一，必须知道对谁说，要有明确沟通的对象。或许你表达得很好，说得也很动人，但是你选错了沟通对象，自然难以达到沟通的目的。在沟通中，我们要针对不同的沟通对象，比如上司、同事、下属等，即便是相同的沟通内容，也要采取不同的声音和行为姿态，从而符合对方的身份。

第二，必须知道说什么，要有明确的沟通目的。如果沟通目的不明确，就意味着你自己也不知道说什么，自然也不可能让别人明白，也就难以达到沟通的目的。此外，我们在沟通中要避免说些敷衍的话，要确保自己准确领会对方的意图，从而给予明确的反馈。

第三，必须知道什么时候说，要掌握好沟通的时间。举个极端的例子，当沟通对象正在大汗淋漓地忙于工作时，你却要求对方停下来与你沟通出游聚会的事情，就会有些不合时宜。所以，要想取得良好的沟通效果，我们就必须掌握好沟通的时间，把握好沟通的火候。

第四，必须知道怎么说，要掌握沟通的方法。比如，你知道应该向谁说、说什么，也知道该什么时候说，但是你若不知道怎么说，仍然难以达到沟通的目的。沟通是要用对方听得懂的语言——包括文字、语调及肢体语言，而你要学的就是透过对这些沟通语言的观察来有效地使用它们进行沟通。

一般来说，就沟通本身而言，其主要包括三个方面：沟通的内容，即文字；沟通的语调和语速，即声音；沟通中的行为姿态，即肢体语言。

这三者在有效沟通中所占的比例为：文字占7%，声音占48%，行为姿态占55%。而且，即便是同样的文字，在不同的声音和行为姿态下，表现出的效果也会截然不同。所以，在具体的沟通中，我们就是要很好地融合文字、声音和肢体语言，并使它们有机协调。

　　总的来说，沟通是一门很大的学问，正如一位哲人所说："你能和处于什么高度的人进行有效沟通，说明你已经达到相应的高度；你能和多少人进行有效沟通，意味着你能够建立多大规模的团队。"因此，我们要认真学好沟通这项技能，提升自己的沟通素养。

"Java之父"詹姆斯·高斯林的成长之路

在人类世界里，是通过语言来交流的，不同种类的语言之间可以通过彼此翻译来达到互通，人类的语言有英语、汉语、法语、俄语等，每种语言都有其相应的规则，不同语言的流行程度也不同。

在五彩缤纷的互联网世界的背后，是不计其数的、一行行的代码，这些代码通常是由某种编程语言写出来的。在计算机的世界里，设备与设备之间是通过编程语言实现交流的，著名的编程语言有C语言、C++语言、Java语言、ASP语言、C#语言等，在世界编程语言排名中，Java语言连续数年排名第一，在编程语言中颇受青睐，同时，Java语言还催生了以该语言编程的庞大从业者。

正如图书是由某种语言文字写出来的一样，很多软件产品是由Java语言写出来的。用Java语言写出的软件非常多，比如，我们平时用PC时，里面的很多软件产品就是用Java语言写的；我们平时使用的手机中，有很多APP产品也是用Java语言写的；Java语言还可以做嵌入式开发来操作硬件等。可以说，在我们生活的世界里，Java可谓如影随形。正是基于Java语言的普及性和重要性，Java语言成为很多高校中一门重要的专业必修或选修课程。

一提起Java语言，有一个人不能不提，他就是被称为"Java之父"的詹姆斯·高斯林（James Gosling）。

詹姆斯·高斯林于1955年出生在加拿大，自幼喜欢动手拆装电子产品，并喜欢探究其中的奥秘。他在12岁时，已能设计电子游戏机，他设计出的电子游戏机经常被同伴玩得爱不释手，詹姆斯·高斯林还学会了帮邻居修理收割机的技能。

詹姆斯·高斯林22岁时，获得了加拿大卡尔加里大学计算机科学学士学位，后来继续攻读，并考入在美国被称为"书到用时方恨少，未读卡梅不知难"的卡内基梅隆大学（Carnegie Mellon University，简称CMU）就读博士。

其中，我国"现代桥梁之父"、钱塘江大桥的设计者与制造者、中科院院士茅以升是卡内基梅隆大学的第一位工科博士，我国"两弹一星"功勋、中科院院士吴自良是卡内基梅隆大学的理学博士，Google的前全球副总裁兼大中华区总裁、"创新工场"创立人李开复是卡内基梅隆大学的计算机学博士。可以说，在毕业于卡内基梅隆大学的一个个引以为傲的名单背后，是这些莘莘学子刻苦钻研的学习精神。詹姆斯·高斯林同样不例外。

1983年，詹姆斯·高斯林获得了美国卡内基梅隆大学计算机科学博士学位，毕业后进入美国著名科技企业、号称"蓝色巨人"的IBM工作，不久又转入成立不久的科研型企业Sun公司工作。1990年，Sun公司成立了一个软件设计团队，成员有詹姆斯·高斯林、麦克·舍林丹（Mike Sheridan）、帕特里克·诺顿（Patrick Naughton）等人，该团队以詹姆斯·高斯林为技术核心。该团队创造出一种全新的计算机编程语言，名为"Oak"，后将Oak改名为Java。

1994年年底，Sun公司展示Java程式，意味着Java语言的诞生。Java语言推出后，由于它具有的一系列优势，如面向对象、安全性、可移植性等，迅速受到世界编程者的喜爱，并且获得广泛运用。

　　总之，詹姆斯·高斯林创造出的Java语言，对世界及人们的工作和生活影响深远。詹姆斯·高斯林的成就，离不开他长期坚持不懈地努力学习，同时，他的学习精神也激励了无数人。

"Android之父"安迪·鲁宾的成长之路

在移动互联网的发展历程中，有几个重要的标志性事件。首先，在1996年，澳大利亚悉尼大学毕业生John O'Sullivan在美国成功申请了无线网技术专利，该项技术被认为是澳大利亚有史以来最重要的科技发明；2007年1月，苹果公司发布iOS操作系统，以及搭载该操作系统的第一代iPhone；2007年11月，谷歌公司发布了Android（中文也称"安卓"）操作系统。由于iOS是一款闭源的操作系统，仅苹果公司内部的产品才可以安装该操作系统，而Android是一款开源的操作系统，任何手机厂商都可以使用与修改该Android操作系统，这促进了以搭载操作系统为典型特征的智能手机的兴起，移动互联网得以最大限度地普及。如今，智能手机几乎人手一部，我们已经完全生活在移动互联网时代。可以说，在移动互联网的演进中，Android发挥了重要的作用，我们在此来了解号称"Android之父"的安迪·鲁宾（Andy Rubin）。

安迪·鲁宾于1963年出生在美国纽约州。安迪·鲁宾的父亲开了一家电子器械的直销公司，因此，安迪·鲁宾"近水楼台先得月"，从小就将各种电子器械作为玩具，在他的房间里总是堆满了各种各样的电子产品，他每天都在屋里反复拆卸与安装，并且乐此不疲。

23岁时，安迪·鲁宾在获得纽约州一所大学的计算机学士学位后，加入一家生产光学仪器的公司担任机器人（一种自动执行工作的机器装置）工程师。1989年，安迪·鲁宾到北美洲的开曼群岛旅游，无意之中，安迪·鲁宾在岛上发现一个由于和女朋友吵架而被赶出海边别墅、无处居住的人，于是，好心的安迪·鲁宾帮这个人找了住处。作为回报，这个人把安迪·鲁宾推荐进了自己所在的公司——苹果公司工作。就这样，26岁的安迪·鲁宾来到了苹果公司。

安迪·鲁宾在苹果公司主要从事研发工作。当时，苹果公司提倡"工作就是生活"的工程师文化，安迪·鲁宾完全融入了这种文化氛围之中，他和其他几位同事在自己办公室的小隔间上方搭起床，吃住在办公室，夜以继日、不辞劳苦地工作。1995年，由于安迪·鲁宾所在的研发部研发出来的产品在概念上过于超前，以至于超出市场的承受度，导致了产品在市场上的失败，该研发部也被解体。这时，有三名苹果公司的老员工成立了Artemis研发公司，邀请安迪·鲁宾加入，于是，安迪·鲁宾又将床搬进Artemis公司的办公室，继续夜以继日地工作。

两年后，Artemis公司被微软收购，安迪·鲁宾又留在微软工作。1999年，安迪·鲁宾又离开微软，在硅谷租了一个零售商店做工作室，与朋友们经常聚会到深夜，构思开发各种新产品的可能性，然而，当时没有人肯资助安迪·鲁宾的科研项目。尽管这样，安迪·鲁宾并未气馁，而是和朋友们成立了一家名为Danger的公司，安迪·鲁宾担任公司的CEO，致力于研究可上网的智能手机。Danger公司后来在2008年被微软收购。

创办Danger公司并担任CEO的过程，让安迪·鲁宾完成了从工程师到管理者的转变，他开始积极地思考如何研发一个产品，并从零开始建立一个公司。2002年，安迪·鲁宾在斯坦福大学给硅谷工程师讲课，当时台下的听众里有谷歌公司的两位创始人拉里·佩奇（Larry Page）和谢尔盖·布林（Sergey Brin），他们在此和安迪·鲁宾相识，并为此后双方的合作初步打下了基础。

2003年10月，安迪·鲁宾等人创建了Android公司，并组建Android团队，目标是开发一个向所有软件设计者开放的移动手机平台。

很快，在2005年8月，谷歌公司迅速收购了Android公司，并为其提供研发经费，安迪·鲁宾成为谷歌公司的工程部副总裁，继续负责Android项目。

接着，在2007年11月，谷歌公司正式发布Android操作系统，并允许各手机厂商使用Android开放源代码与改良Android系统，这样，Android的用户数量越多，意味着谷歌公司的盈利机会越多。据统计，截至2015年9月，Android在手机操作系统的市场份额中排名第一，占比高达53.54%，苹果公司的iOS屈居第二，占比38.58%，Android也得以连续多年成为手机操作系统的"霸主"。

如今，Android的版本更新在持续进行，意味着Android提供的功能越来越丰富，给用户带来的使用体验也越来越好。而这一切，我们都需要感谢"Android之父"安迪·鲁宾的持续努力，他的身上，也有很多优点值得我们学习。

学习和实践，成就梦想

古希腊哲学家苏格拉底曾经说："世界上最快乐的事，莫过于为理想而奋斗。"那么，从起点到理想的距离，究竟有多远？我们在前面曾提及"一万小时定律"，其实已经为我们梦寐以求的理想的实现提供了一条可资借鉴的道路。所以，如果你想知道你距离一个卓越的产品经理还有多远，你问梦想有多远，那么我来告诉你：请用学习和实践去丈量你的梦想之旅到底有多长！

有句话说得好："打铁还需自身硬。"也就是说，在过去打铁时，会把原材料放在铁砧上用锤子反复敲打，直至原材料成型，因此铁砧的硬度一定要足够强，后引申为若想把铁打成预期的形状，自己得先有打铁的实力，也比喻做任何事都需要实力。诚然，对于一个卓越的产品经理来说，之所以能够称为"卓越"，一定与其在产品管理方面的卓越表现是分不开的，卓越的表现又源于一个人的综合素质与能力。

因此，我们要成为一个卓越的产品经理，就需要通过反复学习与实践，从而强化下述能力：

1. 理解与沟通能力

产品经理要在工作中同方方面面的人打交道，尤其是领导与老板对产品的定位、规划方面，产品经理务必要全方位、毫无死角地去理解，确保在理解上没有任何出入。有些经验不足的产品经理在与他人沟通后，虽然存在一些不明白的问题，却又出于自负或者慑于领导的地位而有所顾虑，从而没有与领导进行充分沟通与交流意见，反而自作主张地通过网上搜索等渠道按照自己所认为的"概念"去理解，结果偏离了产品方向。

在这方面，我们一定要记住：任何领导或老板可以容忍你占用其时间去沟通工作，但是绝不允许你曲解他们的意思。另外，产品经理一定要具备同公司内任何人无障碍沟通的能力。因此，对于产品经理来说，理解和沟通能力最为重要。

2. 技术能力

我们这里说的"技术能力"，主要是指产品经理要理解产品的技术原理、开发流程和逻辑思想等，只有这样，才能谈得上对产品的深刻认识。我们以开发一个电子商务网站为例，产品经理要理解什么是"CS架构"（Client/Server，客户端/服务器）、什么是"BS架构"（Browser/Server，浏览器/服务器）、什么是"B2C"，网站服务器要采用什么样的操作系统等，可以说，如果产品经理对这些概念没有深刻的理解，显然不利于对网站的整体规划。

3. 产品需求管理能力

产品源于需求，也是为了实现需求，如果产品在这两个问题上出现了偏差，基本上意味着产品必然要遭遇挫折。因此，产品经理透过问题的表面看本质，正确地挖掘出真实的需求，才能够少走弯路甚至不走弯路，这也正是产品经理专业能力的核心。另外，产品经理要具备出色的逻辑思维能力，只有这样才能理顺产品整个生命周期的内在逻辑。可以说，任何事情，从逻辑层面能够运转通畅，才更有把握在现实中取胜。

4. 学习能力

其实，任何职业都需要学习能力。产品经理一般要负责产品的生命周期，为此往往会参与产品生命周期中每个环节的工作，这就需要产品经理具备复合型能力的特质。从"专业型人才"向"复合型人才"过渡，自然离不开勤学苦练。

5. 责任心

产品经理通常要对产品的生命周期负责，如果产品经理缺乏责任心，那么产品的命运必然堪忧。所以，责任心是产品经理一切工作与能力的基石。事实上，无论是领导、老板，还是同事与下属，都不会欣赏一个没有责任心的人。所以，工作能力是必备，责任心才是根基。

最后，希望每一个朋友在产品经理的事业上越走越远，实现梦想，铸就辉煌！

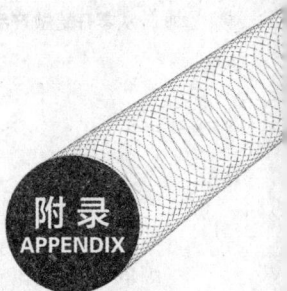

一个产品经理的自述

（注：我们在下面引用一个在国内某大型知名互联网公司担任产品经理的朋友，对自己长期从事移动客户端产品经理工作的简要总结，同时也有助于其他行业的借鉴，故在此与大家分享，谢谢！）

本文主要包括三部分内容：产品经理的工作内容和范围、产品经理的工作方式和方法因素以及担任产品经理的心得体会。

1. 产品经理的工作内容和范围

挖掘用户需求，撰写需求文档；跟进产品开发过程，与项目组内各类角色成员合作，以确保产品开发的顺利进行；跟进产品发布过程，确保产品顺利发布；产品相关数据的监测和分析；行业、市场及竞争对手的监测和分析；聆听并回复用户的声音，发现产品问题和筛选有价值的需求；与公司内外部的产品进行功能层面上的互利合作。

上述内容通常是产品经理要处理好的基本工作内容。此外，产品经理还可能会参与这些工作：产品的市场宣传、市场拓展、商务拓展、渠道推广、内容运营等。

2. 产品经理的工作方式和方法

上面讲了产品经理要做哪些工作，这里讲如何做好这些工作。

第一，需求确认阶段。

需求从哪里来？主要有这些来源：各级产品领导的直接反馈和建议；用户使用中遇到的问题、困惑，以及反馈"非常需要"的功能点；行业的最新动向等。

需求文档怎么写？选择自己用得顺手的工具软件（如Word、Excel、PPT、原型设计类的软件等）。掌握一些写作技巧，比如，写作前，先把你的想法与相关的部门和人员进行有效沟通，从而对产品功能点进行全面考虑；写作时，要尽量清晰全面地把想好的东西写出来；写作后，至少组织一次会议请同为策划的同事、需求相关的同事和各级领导对你写的文档进行一次评审，从而检查需求的严谨性，是否符合当前产品的发展方向，是否影响公司的产品布局等，以找出错误、漏洞和不足，并讨论出更优的方案。

第二，开发阶段（开发团队集中开发的阶段）。

开发过程是产品从概念变成真正的工业品中必不可少的一步，也是多种不同分工、不同专业背景的同事在一起协同工作的过程。

确定要做的项目，成立项目开发团队。团队中的主要角色及其职责为：视觉设计人员设计视觉效果；交互设计人员负责产品与用户之间的交互问题；前端开发人员开发前台页面，后端开发人员负责服务器逻辑实现；测试人员不断找出软件中的bug（软件中的漏洞、缺陷或问题）；项目经理管理项目团队，对项目成功负责。

第三，测试阶段（质量检查的阶段）。

在前期开发过程中，产品经理会进行高频率的产品自测，进入专业的测试阶段后，正常情况下，产品经理在此时介入的会比较少，测试人员会将检查出的问题直接反馈给开发人员，由开发人员予以完善和解决；如果测试人员反馈的问题非常多，以至于产品经理需要排列优先级时，产品经理需要介入做一些时间和效率上的取舍。

第四，发布阶段（内测、正式发布等逐级发布的阶段）。

一般情况下，经过了专业测试之后的产品，基本就可以发布了。此时，产品经理会先通过对一部分用户进行产品测试，再逐步全面发布。

第五，发布后的阶段（效果跟踪的阶段）。

产品经理可以通过很多渠道直接或间接地获得用户反馈，同时对行业、市场和竞争对手进行监测和分析，然后对反馈得来的数字进行分析和研究，以采取积极的应对策略。

3. 担任产品经理的心得体会

产品经理要有良好的服务意识，具备不打折扣的执行力，有积极的感染力和责任感，能营造团队积极高效的工作氛围，能够有效平衡效率、质量、工作与生活的关系等。

人人都是产品经理

如果要问产品经理有没有"门槛"，在我看来，产品经理没有"门槛"。如果非要说有的话，那就是你对自己能否胜任产品经理有"门槛"。这也就是我为什么说"人人都是产品经理"的原因了。

我们知道，产品经理主要是解决"需求"与"市场"之间的问题的，换句话说，产品经理源于某个或某些用户的需求，然后设计出相应的产品并生产出来，从而更好地满足相应的需求。可以说，一个人能够具备这样的思维，就可谓具备了产品经理的思维，再加上必要的学习和努力，就一定能够成为一个出色的产品经理。

实际上，在我们的生活中，时常需要以"产品经理"的思维来分析问题、解决问题。举例来说，你喜欢上了某个女孩子，并且希望在这个女孩子面前表现出你的一些优点或者对女孩子的关心程度，从而引起女孩子对你的关注与好感，这就是你的一项"需求"。那么，如何满足这项需求呢？满足这项需求的解决方案的载体就是"产品"。比如，表现出"路见不平，拔刀相助"的"英勇气概"，在节日或生日时送礼物以示关心，天天不厌其烦地问好以表示你的一往情深，等等。

当然，不同的解决方案，可能会获得不同的效果，这就好比同样都是智能手机，都是为了满足用户的通信需求，可是做出来的不同的手机却给用户带来了不同的满意度，从而使得不同品牌，甚至同一品牌、不同款式的手机的市场接受度都会有所不同。

因此，每个人都具备做产品经理的潜力，但是要真正做好，成为卓越的职业人士，就需要付出必要的努力。当然，努力时还要选准方向，走对步骤，从而避免不必要的弯路。在这方面，很多哲人说"书籍是人类的朋友"，尽管互联网时代让零散信息的获取日益便捷，但是书籍在对某个问题的专业、深度论述，以及帮助读者系统化地梳理每个领域技能方面的作用，仍是不容忽视的，并起着无可替代的作用。因此，希望广大读者朋友们选择一本或几本好书，在正确的指导下健康地成长，不走弯路就是加快速度。

其实，每个人都不是一开始就是产品经理，即便现在很多担任产品经理职位的朋友，也都是从不懂到懂、到熟悉、到精通一步步地走过来的。所以，要想从平凡变为卓越，就要每天努力一点点，确保每天都向正确的方向挺进。对此，正如著名成功励志大师陈安之所说："只要每天进步就是开始进步了。"

最后，你的梦想由你来负责。从现在开始，为自己做个职业规划、人生规划，选择了就不放手，用你的执着和努力来证明你是一个卓越的产品经理！

萧七公子

2016年10月26日